MARCO POLO

BULGARISCHE SCHWARZMEERKÜSTE

MARCO POLO AUTOR

Ralf Petrov

Als Sohn einer deutschen Mutter und eines bulgarischen Vaters wurden Ralf Petrov Schwarzmeerluft und Rosenduft in die Wiege gelegt. Sein erster Studentenjob als Reiseleiter am Meer war nicht gerade rosig: Die Hotelküchen boten Weißbrot statt Kartoffeln, das Bier war warm, die Schnitzel kalt. Heute arbeitet Ralf Petrov als Journalist und verbringt die Freizeit an den sonnigen Stränden des Balkanlandes.

GRATIS

DIE TOUREN-APP

zu den Erlebnistouren zeigt, wo's langgeht: inklusive Tourenverlauf und Offline-Karte

EVENTS & NEWS

Schnell die wichtigsten Infos auf dem Smartphone: Events, News, neue Insider-Tipps und ggf. aktualisierte Erlebnistouren als PDF zum Downloaden

SYMBOLE

- INSIDER TIPP Insider-Tipp
- ★ Highlight
- ●●●● Best of ...
- Schöne Aussicht
- Grün & fair: für ökologische oder faire Aspekte

PREISKATEGORIEN HOTELS

€€€	über 80 Euro
€€	40–80 Euro
€	bis 40 Euro

Die Preise gelten für zwei Personen im Doppelzimmer mit Frühstück pro Nacht

PREISKATEGORIEN RESTAURANTS

€€€	über 30 Euro
€€	20–30 Euro
€	bis 20 Euro

Die Preise gelten für ein Essen mit Suppe, Haupt- und Nachspeise und Getränk

 Titelthemen: Dem Schwarzen Meer auf den Grund gehen S. 104 | Künstlertreff Sozopol S. 83

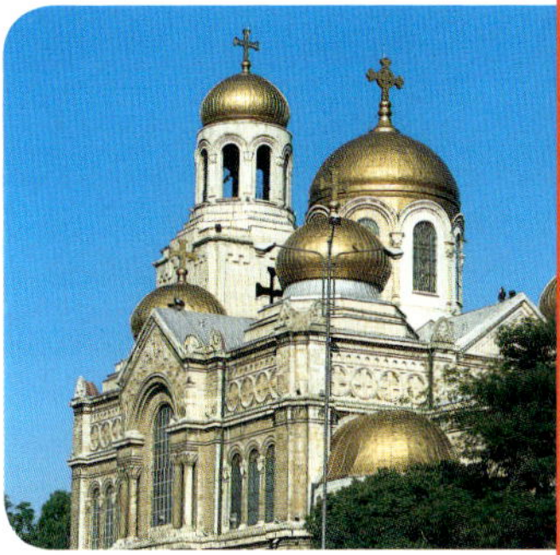

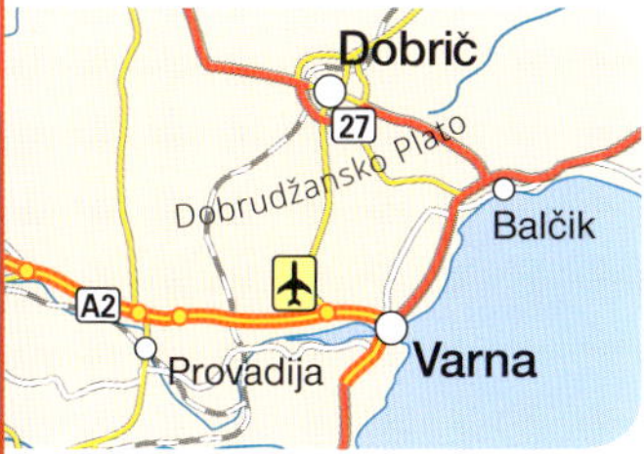

GUT ZU WISSEN

Geschichtstabelle → S. 14
Spezialitäten → S. 28
Lesehunger & Augenfutter → S. 42
July Morning → S. 45
Wie ein Tanz auf dem Vulkan → S. 68
Vogels Boxenstopp → S. 89
Feiertage → S. 111
Was kostet wie viel? → S. 115
Währungsrechner → S. 116
Wetter → S. 118

KARTEN IM BAND
(126 A1) Seitenzahlen und Koordinaten verweisen auf den Reiseatlas und auf die Karte von Burgas → S. 130/131
(0) Ort/Adresse liegt außerhalb des Kartenausschnitts
(U A1) Koordinaten für die Karte von Varna im hinteren Umschlag
Karte von Nesebăr → S. 130
Karte von Sozopol → S. 131

(🗺 A–B 2–3) verweist auf die herausnehmbare Faltkarte
(🗺 a–b 2–3) verweist auf die Zusatzkarten auf der Faltkarte

UMSCHLAG VORN:
Die wichtigsten Highlights

UMSCHLAG HINTEN:
Stadtplan von Varna

Die besten MARCO POLO Insider-Tipps

Von allen Insider-Tipps finden Sie hier die 15 besten

INSIDER TIPP **Selfiealarm im Stachelparadies**

Im *Schlossgarten Balčik* pflegen die Studenten der Universität Sofia eine der reichsten Kakteensammlungen (Foto o.) – Besucher sind geblendet von dieser Augenweide → S. 40

INSIDER TIPP **On the Rocks**

Wem der Strand zu heiß wird, der kühlt in der *Eissporthalle* in Kranevo auf natürlichem Eis ab oder hat einfach nur Spaß auf Schlittschuhen → S. 38

INSIDER TIPP **Frisch & selbst gepflückt**

Hinter dem Sandstrand von Arapja lockt das Restaurant *By G* mit eigenem Tomatengarten. Lassen Sie sich zu den üppigen Salaten duftende Weißbrote nach hauseigenem Rezept schmecken → S. 95

INSIDER TIPP **Chill-out statt Work-out**

Echter Chill-out am Strand von Albena klappt im *Nomad Beach Club* wunderbar – mit bulgarischen Geschmackshighlights → S. 36

INSIDER TIPP **Neorenaissance für VIPs**

Im Zarenschloss *Euxinograd* residieren heute Gäste der bulgarischen Regierung, und Besucher genießen edle Tropfen aus der Elitekellerei → S. 56

INSIDER TIPP **Nachtruhe zwischen Kirchtürmen**

Das im Stil eines gemütlichen Wiedergeburtshauses gehaltene *Hotel Monte Christo* liegt mitten in der Altstadt von Nesebăr und bietet tollen Schlafkomfort → S. 73

INSIDER TIPP **Jolly Roger**

Leckere Fischsuppe mit Knoblauch, Schwarzmeermakrelen aus der Pfanne, süffiges Fassbier aus Burgas – in der Hafenkneipe *Jolly Roger* ist Schnickschnack unbekannt → S. 64

INSIDER TIPP **Bulgarisches Alcatraz**

Sveta Anastasia ist die einzige bulgarische Insel mit einer funktionierenden Kirche, das Kloster diente einst als Gefängnis → S. 67

INSIDER TIPP Magischer Ring

Der *Ehering,* blau schimmernde Felsen, die über Sliven bei einer Wanderung im Nationalpark Blaue Steine (Foto u.) auf Sie warten, sieht nicht nur spektakulär aus, sondern soll beim Berühren geheimnisvolle Energien übertragen. Nur Mut! → S. 97

INSIDER TIPP Noahs Raststätte

Die legendäre Arche Noah soll hier einst Halt gemacht haben. Heute ist nach dem Aufstieg zur *Festung Ovеč* kaum zu glauben, dass die Region einst unter dem Meeresspiegel lag. Die Festung wird Sie zusätzlich mit 70 m tiefem Brunnen und dem Ausblick über Provadia begeistern → S. 101

INSIDER TIPP Wo Muscheln Gaumenwonnen bringen

Die spektakuläre Speisekarte der *Muschelfarm Dălboka* ist voller kreativer Köstlichkeiten und bietet Ihrem Gaumen alles aus dem eigenen Meeresgarten → S. 46

INSIDER TIPP Feinste Genussgesellschaft

Hochkarätige Musiker spielen am Abend in der *Shishi Asian Food & Bar* in Varna, während Sie sich Genüssen wie Cocktails, Wasserpfeifen und Sushi hingeben → S. 54

INSIDER TIPP Kunst von heute im Ambiente von gestern

Klassische Livedarbietungen, bulgarische Filmpremieren und kultige Vernissagen unterhalten Sie beim *Apollonia-Art-Festival* in Sozopol → S. 111

INSIDER TIPP Beachfeeling pur

Einer der besten Schwarzmeer-Strände trotz erfolgreicher Urbanisierung – in *Irakli* genießen Sie die Natur in ihrer reinsten Form → S. 82

INSIDER TIPP Über Klippen

Die Schluchten des Balkans kennenlernen und beim Wandern Natur pur genießen im Felsenparadies *Karandila* → S. 102

BEST OF ...

TOLLE ORTE ZUM NULLTARIF

Neues entdecken und den Geldbeutel schonen

SPAREN

Beachgenuss für lau

Die Gemeinde von Burgas ist die einzige an der bulgarischen Küste, die Strandbesuchern kostenlose Sonnenschirme und Liegen spendiert. Der feinsandige *Strand am Meeresgarten* gehört gleichzeitig zu den schönsten am Schwarzen Meer. Nehmen sie das Angebot in Anspruch – solange der Vorrat reicht → S. 65

Hall of Fame unter freiem Himmel

Viele große internationale Stars des Hard Rock und Heavy Metal können Sie als gigantische Porträts an den Wänden der Betonhochhäuser von *Kavarna* bewundern – Kult, der nichts kostet → S. 41

Bird Watching – Poda

Wandeln Sie auf Ornithologenpfaden. Über 275 Vogelarten tummeln sich jährlich am *Beobachtungszentrum Poda*. Während der zweiwöchigen Umwelttage der Gemeinde Burgas im September sind Eintritt, Ferngläser und Infomaterial frei (Foto) → S. 89

Reiseleiter umsonst

Die intensiv mit EU-Hilfe ausgebauten *Ecotrails* in Pomorie, Sinemorec oder im Strandža-Gebirge sind ausgezeichnet ausgeschildert und mit bebilderten Infotafeln zu Flora, Fauna und Geschichte versehen. Seien Sie Ihr eigener Wanderführer – ganz umsonst → S. 105

Rockmusik vor beeindruckender Kulisse

Das funkelnde Feuer aus dem verlassenen Gasrohr, stummer Zeuge der Erdgasbohrungen im 20. Jh., ist Kulisse für die abendlichen kostenfreien Konzerte junger Rockbands. Der tolle Blick von *Kamen brjag* aufs Meer ist die perfekte Ergänzung → S. 44

Kostprobe in der Vinothek

In der *Weinkellerei Boiar* bei Pomorie können Sie bei einem spontanen Besuch eine kleine Kostprobe köstlichen Weins zum Nulltarif verkosten, die Ihnen die netten Angestellten des Weinhandels gern servieren → S. 77

Diese Punkte zeichnen in den folgenden Kapiteln die Best-of-Hinweise aus

TYPISCH BULGARISCHE SCHWARZMEERKÜSTE

Das erleben Sie nur hier

Sonnige Salzgärten

Die Produktion von Speisesalz aus Meereswasser durch Sonnenkraft gibt's nicht nur am MIttelmeer. Im *Salzmuseum* in Pomorie lernen Sie, aus einem Liter Schwarzmeerwasser bis zu 18 g Speisesalz mit Jod und wertvollen Mineralien zu kristallisieren → S. 74

Märchenhafte Sanddünen

Obwohl viele Sanddünen dem Bauboom der letzten Jahre zum Opfer fielen, gibt es sie noch. Wandeln Sie entlang der größten Sanddünen des Landes südlich der Stamopolu-Lagune bei *Primorsko.* Mit etwas Glück begegnen Sie den vom Aussterben bedrohten kleinen Reptilien → S. 88

Maritimer Zeitzeuge

Feiner Sandstrand, steile Felsklippen und mystische Höhlen. Am *Kap Šabla* verspüren Sie in konzentrierter Form den Charme der Bulgarischen Schwarzmeerküste fernab hektischer Touristenströme. Der Leuchtturm krönt dieses Fleckchen Erde und markiert zugleich die Hälfte der Wegstrecke zwischen Bosporus und Donaudelta (Foto) → S. 45

Epoche der Wiedergeburt

Das Erdgeschoss aus Stein für Vieh und Vorräte, darüber eine Etage aus Holz für die Wohnräume: Das typische Wiedergeburtshaus aus dem 18./19. Jh. begehen Sie heute noch, wenn Sie das *Haus Moskoiani* in Nesebăr besuchen → S. 71

Kreative Alltagskunst

Ot nishto – neshto. Aus Nichts Neues erschaffen. Ein Motto aus sozialistischen Zeiten, als Material stets knapp war und individuelle Bedürfnisse kreativ in Eigenregie befriedigt werden mussten. Erleben Sie dieses Phänomen im *Paco's Place* in Slănčev brjag – das Bistro aus Strandgut und Bauresten hat Kultstatus → S. 79

Orthodoxe Klosterkultur im Kloster Sveti Georgi

Erleben Sie in *Pomorie* den Alltag der orthodoxen Mönche live im einzigen aktiven Kloster an der Bulgarischen Schwarzmeerküste. Filigrane Ikonenmalereien, feierliche Messen oder würziger Traubenschnaps aus den klostereigenen Weinbergen, gebrannt im alten Kessel → S. 74

TYPISCH

BEST OF ...

SCHÖN, AUCH WENN ES REGNET

Aktivitäten, die Laune machen

REGEN

● *Stolz von Varna*

In der *Kathedrale Mariä Himmelfahrt* kommen Sie bei Kirchenfesten und Messen in den Genuss der ausgezeichneten Akustik, und vom Kirchturm bietet sich Ihnen auch bei schlechtem Wetter ein tolles Stadtpanorama (Foto) → S. 49

● *Nicht nur für Glücksspieler*

Das *Casino Platinum*, das größte Kasino Bulgariens, liegt am Sonnenstrand. Auch wenn Sie kein Gefallen an einer Investition am einarmigen Banditen haben, das Ambiente im Stil der beliebtesten Glücksspielmetropolen Las Vegas und Macao lohnt bei verhangenem Himmel einen Besuch! → S. 80

● *Muppet Show*

Nicht nur für Kinder eine Attraktion. Im *Puppentheater* in Varna sind die Stücke meist so inszeniert, dass Sie den Dolmetscher nicht vermissen. Zwischen den Vorführungen geht's ab ins einzige Marionettenmuseum des Balkans im gleichen Haus → S. 108

● *Regenmeer am Sonnenstrand*

Wenn der Himmel voller Regenwolken hängt, erleben Sie vom Lokal *Hanska Šatra* aus, dass das Meer durch die Lichtspiegelung tatsächlich schwarz aussehen kann. Denken Sie positiv und genießen Sie die authentische bulgarische Küche! → S. 79

● *Shopping*

Bummeln Sie gemütlich durch die Läden der Shoppingmall *Burgas Plaza*. Mode und kulinarische Angebote lassen einen Regentag wie im Flug vergehen → S. 64

● *Unter Wasser im versteinerten Wald*

Es ist nass? Macht nichts. Es wird noch nasser: Erkunden Sie den spektakulären *versteinerten Wald* in 20 m Tiefe in Sozopol → S. 84

ENTSPANNT ZURÜCKLEHNEN

Durchatmen, genießen und verwöhnen lassen

ENTSPANNT

Heilender Schlamm

Heilschlammtherapie wird in Pomorie seit Jahrzehnten erfolgreich angewandt. Lassen Sie das Gemisch aus Salzwasser, fossilen Organismen und Schwarzmeeralgen auf Ihren Körper einwirken und entspannen Sie sich. Abwechslungsreiche Behandlungen im modernen Ambiente bietet das *Grand Hotel Pomorie* → S. 75

Silberküsten-Panorama fast über den Wolken

Ausgiebig tafeln im letzten Stock des Terrassenrestaurants *Ciel Bleu* im Hotel Dobrudža in Albena. Der Blick schweift über die weitläufige Silberküste, das Meer reicht bis zum Horizont, während Ihnen der Kellner Köstlichkeiten serviert → S. 34

Mit dem Boot über das Meer

Der *Bootshuttle* von Slănčev brjag über das Meer zum Hafen von Alt-Nesebăr ist ein Genuss: Langsam nähert sich die Silhouette der antiken Stadt, während Sie die Skyline des Sonnenstrands passieren → S. 79

Hörgenuss

Die Darbietungen klassischer Musik in der *Oper* von Varna haben Weltniveau und zugleich akzeptable Eintrittspreise. Genießen und erleben Sie bulgarische Künstler z. B. bei Improvisationen der Spitzenklasse (Foto) → S. 54

Über den Wolken

Steigen Sie auf in die Lüfte und genießen Sie bei einem *Panoramaflug* vom Militärflughafen Balčik Ausblicke auf Balčik, Albena, die Ausläufer des Balkangebirges und das Schwarze Meer. Besonders spektakulär: die Vogelperspektive auf die Golfplätze an den Felsklippen → S. 35

Gaumenfreuden direkt am Meer

Hier ist Genuss garantiert: Das *Sveti Kirik* in Sozopol führt ausschließlich selbst gefangenen Fisch. Das Familienrestaurant verschreibt sich seit Jahrzehnten der einfachen und schmackhaften lokalen Küche → S. 84

AUFTAKT

ENTDECKEN SIE DIE BULGARISCHE SCHWARZMEERKÜSTE!

Heller Sand säumt die Küste des Schwarzen Meers; bis an den Horizont reicht das goldgelbe Band von Zlatni pjasăci, wo bunte ***Sonnenschirme*** ihre Schatten werfen. ***Windsurfer*** tanzen in der leichten Brise über die Wellen, an der Wasserlinie formen kleine Baumeister wehrhafte Burgen aus feuchtem Sand, während sich Teenager beim Beachvolleyball vergnügen. Nach einem Tag am Strand wird in urigen Restaurants und neonbeleuchteten ***Strandbars*** in die Nacht gefeiert, bis die Party in den Clubs beginnt.

Einst Geheimtipp ist Bulgarien inzwischen beliebtes Urlaubsziel, auch unter den Jugendlichen. Das Land hat einen radikalen Wandel vollzogen, der im Tourismus besonders zu spüren ist: Neugebaute modern-phantasievolle und komfortable Hotels, exzellente ***Schwarzmeerküche***, ein großes Freizeitangebot und hippe Clubs verwöhnen die Gäste. Sicher mangelt es noch hier und da, besonders Häuser der unteren Kategorie und Campingplätze lassen bisweilen zu wünschen übrig. Aber dies machen der freundliche Service, die sehr guten Fremdsprachenkenntnisse der Bewohner, die sauberen langen Strände in der Region sowie die ***günstigsten Preise Europas*** allemal wett.

Bild: Bucht an der Veleka-Lagune in Sinemorec

Dazu kommen die kulturellen Highlights: In romantischen Städtchen wie Nesebăr oder im idyllischen Balčik gelingt Ihnen die Zeitreise: mittelalterliche Kirchen und ***Wiedergeburtshäuser*** machen den Stolz früherer Jahrhunderte deutlich, während nicht nur die dynamischen Hafenstädte Varna und Burgas Ihnen wunderbare Museen präsentieren sowie mit reizvollen ***Festivals*** für Stimmung sorgen. Der Wandel nach 45 Jahren Sozialismus ist weiterhin in allen Teilen der bulgarischen Gesellschaft zu spüren, besonders in den Zentren der Großstädte Varna und Burgas. Mit restaurierten ***Gründerzeitpalästen***, Boutiquen und Straßencafés atmen diese Städte geradezu mediterrane Leichtigkeit.

Varna und Burgas atmen mediterranen Lebensstil

Das Unterfangen „freie Marktwirtschaft" ist jedoch nicht so einfach, wie das dolce vita an der Küste vielleicht suggeriert: Nur mühsam löst sich Bulgarien vom alten Einfluss Moskaus, die ***Integration*** in NATO und EU ist holprig. Brüssel kritisiert das Balkanland weiterhin wegen Korruption und der schleppenden Justizreformen. Die bulgarischen Gehälter und Renten gehören zu den niedrigsten in der Europäischen Gemeinschaft. Bulgarien bleibt vom Schengen-Raum ausgeschlossen, weshalb bei Ein- und Ausreise zusätzliche Grenzkontrollen für die Reisende anfallen. Die Organisation Reporter ohne Grenzen verweist die Pressefreiheit im Land auf Platz 111 im weltweiten Ranking. Die Bevölkerung dankt diese Entwicklungen mit einer rückläufigen Wahlbeteiligung sowie dem anhaltenden Braindrain in Richtung Westen. ***Positive Impulse*** hingegen setzen von der EU finanziell unterstützte Projekte in Infrastruktur und Landwirtschaft sowie die attraktive zehnprozentige Steuerflatrate.

Der gern vor allem von jungen Bulgaren zur Schau gestellte Wohlstand täuscht nicht darüber hinweg, dass die meisten älteren Menschen im Land unter teils dramatischen Bedingungen leben. Vor dem Hintergrund der ***Wirtschaftskrise*** sehnen sich viele von ihnen nach den alten Zeiten. Auch Jugendliche haben oft ein verklärtes Bild vom Sozialismus, da diese Zeit kaum in der Schule behandelt wird. Eine große gesellschaftliche Herausforderung ist zudem das Zusammenleben mit den bulgarischen Roma, der hier vorwiegend sesshaft lebenden Volksgruppe. Und so zeigt sich die Zerrissenheit der Bevölkerung auf politischer Ebene: Die Regierung um Ministerpräsident Bojko

500 v. Chr. Blüte des Thrakerreichs

100 v. Chr. Römer besetzen die Schwarzmeerküste

681 Khan Asparuch gründet das Erste Bulgarische Reich

863 Erstes slawisches (kyrillisches) Alphabet der Brüder Kyrill und Method

865 Annahme des Christentums

1018–1185 Byzantinische Herrschaft

1396 Bulgarien wird Teil des Osmanischen Reiches

Weltliche Variante der Ikonenmalerei: In Albena porträtieren Künstler Ihren Nachwuchs

Borissov bewegt sich im rechten politischen Spektrum, während mit Rumen Radev ein Favorit der linken Sozialistischen Partei Staatsoberhaupt wurde.

Ein Liebespaar schuf zwei markante Gebirge

Einem anmaßenden Liebespaar hat Bulgarien der Legende nach zwei seiner markantesten Gebirge zu verdanken: ***Haemus und Rhodope*** nannten sich einst neckisch Zeus und Hera. Das olympische Götterpaar war über den Missbrauch seiner Namen derart wütend, dass es die beiden Liebenden kurzerhand in Gebirge verwandelte: Haemus in den Balkan, der Bulgarien und seine Küste von West nach Ost in zwei nahezu gleich große Hälften teilt, und seine Geliebte

1444 Die Kreuzritter werden von den Türken bei Varna geschlagen

1762 Beginn der Nationalen Wiedergeburt

1878 Ende des russisch-türkischen Kriegs. Unabhängiges Fürstentum Bulgarien. Der Süden bleibt türkisch

1903 Niederschlagung des Aufstands zur Befreiung der Südküste

1912–1913 Balkankriege. Das Gebiet bis Rezovo wird bulgarisch, der Süden der Dobrudža geht bis 1940 an Rumänien

in den Gebirgszug der Rhodopen im Süden. Dessen Bewohner pflegen heute eine besondere, melancholische Liedform, in deren Weisen das Klagen der Unglücklichen und vielleicht auch die Trauer des thrakischen Prinzen Orpheus widerhallt. Der begnadete Sänger verlor nämlich eben hier seine geliebte Gattin Eurydike an den Gott der Unterwelt.

Die ***Thraker***, deren Fürsten ihre Lieblingsfrauen und -pferde mit in den Tod nahmen und sich mit Goldschätzen in Kuppelgräbern beisetzen ließen, haben ihre Spuren in Form unzähliger Grabhügel hinterlassen. Auf sie folgten griechische Kolonisten und römische Eroberer, darauf Byzanz und das Erste Bulgarische Reich unter Khan Asparuch. Drei unabhängige Reiche zählen die Bulgaren in ihrer langen Geschichte, doch über all ihrem Glanz liegt die düstere Epoche des „osmanischen Jochs", wie die fünfhundertjährige türkische Herrschaft genannt wird. 1396 wurde Bulgarien osmanische Provinz, der Islam und die türkische Sprache verdrängten das Christentum. ***Klöster*** wie Rila und Bačkovo bewahrten die bulgarische Kultur vor dem Vergessen; die Mönche pflegten die kyrillische Schrift, die Dichtung und die Malerei. Von diesen Klöstern ging schließlich der Anstoß zur Besinnung auf die eigenen kulturellen Werte und der Funke zum Kampf gegen die Türken aus: ***Wiedergeburt*** heißt dieses Erwachen Bulgariens, das Ende des 18. Jhs. begann und dem Land 1879 die Unabhängigkeit bescherte. Die charakteristische Architektur jener Zeit ist von ländlichen bulgarischen Traditionen inspiriert und prägt Städte wie Nesebăr oder Sozopol.

„Wiedergeburt" – als das Land politisch erwachte

Die Klöster und die ***Bulgarisch-Orthodoxe Kirche*** spielen auch heute noch eine herausragende Rolle. Nicht nur zu den Festtagen versammeln sich die Gläubigen zum Gebet. Die liturgischen Gesänge der Popen, die feierlichen Antworten des Chors, das Flackern unzähliger Opferkerzen vor der Kulisse naiv-bunter mittelalterlicher Fresken und goldglänzender Ikonen schaffen eine Atmosphäre tiefer Hingabe. Sie half und hilft den Bulgaren über die oft schwierigen Zeiten des politischen Wandels, über Hunger und Armut hinweg. Ähnlich wichtig ist der ***Wunderglaube***: Viele Bulgaren pilgern zu Orten magischer Kraft wie die Dörfer des Strandža-Gebirges und verwenden Amulette, um den bösen Blick zu bannen. Letzteres mag ein Erbe der osmanischen Ära sein, die vor allem im Südosten noch spürbar ist. Hier leben die meisten Mitglie-

- **1941** Bulgarien tritt dem Dreimächtepakt bei
- **1944** Staatsstreich der Kommunisten
- **1989** Rücktritt von Staats- und Parteichef Todor Živkov
- **1990** Erste demokratische Wahlen
- **2007** EU-Beitritt
- **2014** Russland gibt das Erdgasprojekt South Stream auf
- **2018** Bulgarien übernimmt erstmals den EU-Ratsvorsitz

Sophienkirche in Nesebăr: So eindrucksvoll können Reste erstrahlen

der der türkischstämmigen Minderheit, immerhin mehr als acht Prozent der 7,4 Mio. Bulgaren. Fast alle Städte haben eine Moschee und eine islamische Gemeinde.

Goldstrand (Zlatni pjasăci), Albena, Elenite, Obzor und Sonnenstrand (Slănčev brjag) sind Bulgariens berühmteste und traditionsreichste ***Seebäder***. Doch an der knapp 400 km langen Küste finden sich viele ursprünglichere Fleckchen wie die Buchten von Kiten, Ahtopol oder Sinemorec. Die Feriengäste übernachten in Privatzimmern, in neu errichteten Ferienclubs und Hotels. Komfortable Anlagen verdrängen die einfachen ***Campingplätze***, die besonders an der südlichen Küste Urlauber aus Osteuropa anzogen. Heute ist hier das Revier der Windsurfer; viele junge Leute verbringen ihre Ferien an den Stränden zwischen Sozopol und Sinemorec. An den Flussmündungen des Ropotamo und des Kamčija wuchern Urwälder, in denen der Gesang seltener Vögel erklingt und ***Wasserschildkröten*** zwischen Seerosen schwimmen. Über den Salzseen um Burgas und Šabla verdunkeln im Frühjahr und Herbst Hunderttausende von Zugvögeln den Himmel – ein einzigartiges Schauspiel nicht nur für Ornithologen.

Dschungelfeeling an den Mündungen des Ropotamo

Nur am Strand zu liegen, wäre in diesem bezaubernden Land viel zu schade: Malerische Dörfer, geheimnisvolle Felsreliefs, thrakische Königsgräber und Museen, in denen die ältesten weltweit entdeckten ***Goldschätze*** zu bewundern sind, warten auf Sie. Und stolze, temperamentvolle Menschen, die ihren Gästen gern die Einzigartigkeit ihrer Heimat zeigen – wobei eines immer wichtig ist: ein üppiges gemeinsames Mahl und ein Glas *rakija*, um die neue Freundschaft zu begießen. Nehmen Sie das Angebot an!

IM TREND

1 Black Sea Live Sounds

Viva La Musica Mit *Spirit Of Burgas (facebook.com/spiritburgas)* kamen die ersten internationalen Pop-Acts an die Bulgarische Schwarzmeerküste. Inzwischen ist Kavarna ultimativer Hard-Rock-Hotspot, mit XXL-Bildern von Heavy-Metal-Stars auf tristen Plattenbauten *(kavarna.bg)*. Brandneu ist das Festival *Port of Varna Mega Rock (short.travel/bus33)* im August. Auch der Musiksender MTV setzt auf die Schwarzmeermetropole und errichtet die größte Bühne Bulgariens *(mtvvarna.bg)* am Strand.

2 Velo-Mania

Rein in die Pedale Radfahren in Bulgarien ist nur was für Lebensmüde? Das war einmal! Das Balkanland ist zum großen Bike-Exporteur avanciert. Brands wie *Drag (dragbicycles.com)* und *Sprint (maxcombike.com)* genießen auch international einen exzellenten Ruf. Auf den Straßen tummeln sich die Radler. Hotspot ist Burgas: Auf mehr als 60 km Radwegen wird hier aktuell in die Pedale getreten *(transportburgas.bg/en/bikeways)*.

3 Fünf-Sterne-Strand

Schlemmen unterm Sonnenschirm Füße im Sand, eisgekühlter Champagner in Kristallgläsern, modebewusste Besucher auf kuscheligen Lederkissen, über ihnen seidene Baldachine, die sich elegant in Slow Motion mit der Meeresbrise bewegen. Dazu dezenter Chill-out-Sound, große Flatscreens und superschnelles WLAN. Willkommen in der Strandbar 2.0! Im Trend liegen die *Cachaca Bar (short.travel/bus52)* in Varna, *Bedroom Beach (short.travel/bus53)* in Nesebär oder *Hacienda (hcndbeachclub.com, Foto) in Lozenec*. Am Strand von Albena können Sie Ihren Drink sogar per App bestellen.

An der Bulgarischen Schwarzmeerküste gibt es viel Neues zu entdecken. Das Spannendste auf diesen Seiten

Ran an die Pasten

4

Gesünder leben Leckere Süßspeisen werden in Bulgarien traditionell aus der Sesampaste Tahin hergestellt. Neu sind die Bioversionen aus hellem oder dunklem Vollkornsesam. Bei Sportlern in sind die aus Kürbiskernen – wegen ihres hohen Eisengehalts. Aromatische Brotaufstriche ohne schädliche Zusätze werden aus Haselnüssen, Süß- und Bittermandeln, Sonnenblumenkernen, Walnüssen und Cashew hergestellt. Die Zutaten kommen selten von Großplantagen, sondern vielmehr aus liebevoll gepflegten Gärten. Günstig und frisch zu kaufen gibt's die Aufstriche direkt auf den Bauernmärkten und im Bioladen. Die Pasten von *Harmonica (harmonica.bg)*, kreiert von der erfolgreichen bulgarischen Tennisspielerin Magdalena Maleeva, der Hersteller *Balcho (balcho.bg)* und *Laika (laika.bg)* verfügen über EU-Biozertifikate.

Hopfen-Craft

5

Braukunst Zutaten und Zubereitung sind der Schlüssel zum Bierhimmel, dabei ist es kein Geheimnis: Bulgariens Hopfen-Tropfen sind im EU-Vergleich preislich am günstigsten. Doch jetzt gibt es auch exzellentes Craft-Bier von der Schwarzmeerküste, wie das dunkle Veritas aus Burgas (Schoko- und Kaffeegeschmack) oder Glarus Black Sea IPA aus Varna *(glarus.bg)*: Sonnenverwöhnter bulgarischer Hopfen und schmackhaftes lokales Quellwasser garantieren süffigen Genuss. Immer mehr Pubs mit eigenem Kessel brauen selbst und Craft Beer Shops wie *Papa Beer (facebook.com/papacraftbeer)* frönen dem Bierkult. Das Brauhaus *Pivovarnata (pivovarnata.bg)* in Burgas führt sogar eine eigene Craft-Bier-Währung.

FAKTEN, MENSCHEN & NEWS

AFFENSCHRIFT – ODER NOT MACHT ERFINDERISCH

Sie lässt manch einen Urlauber verzweifeln: Wer in der Schule keinen Russischunterricht hatte, kann mit der kyrillischen Schrift wenig anfangen. Sie ist Nationalstolz der Bulgaren und wird am 24. Mai, wenn alle frei haben, landesweit gefeiert. Im Zuge des technischen Fortschritts wird sie aber auch für Einheimische zum Handicap: Computertastaturen müssen zwischen Kyrillisch und Latein umschalten können, Programme stehen selten auch in Bulgarisch zur Verfügung und bei Handys fehlt oft die Schrift, deren Erschaffer Kyrill und Method vom Papst heilig gesprochen wurden. Daher simsen und mailen heute viele bevorzugt in lateinischen Lettern und ersetzen sogar den einen oder anderen Buchstaben dabei durch ähnlich klingende Ziffern. Diese *maimunitsa* (Affenschrift) lässt Bulgarischlehrer verzweifeln, erleichtert aber oft den Alltag.

DAS ARMENHAUS EUROPAS?

Oder Schlusslicht der EU? Das Land mit der am schnellsten schrumpfenden Bevölkerung der Welt? Die deutschsprachige Presse geht nicht gerade zimperlich mit Bulgarien um. Bei genauerer Betrachtung ergibt sich ein komplexeres Bild: Die Wirtschaft wächst aufgrund des fixen Wechselkurses zwischen Lev und Euro. Mit 29 Prozent hat Bulgarien nach Estland und Luxemburg die drittnied-

Bulgarische Schwarzmeerküste ist dort, wo Mafiabarock auf Wiedergeburt trifft und Joghurt müde Menschen munter macht

rigste staatliche Verschuldung innerhalb der EU. Drei Viertel der Bevölkerung besitzen Eigenheime. Selbst die einzelnen Wohnungen in den oft verkommenen sozialistischen Plattenbauten sind privates Eigentum und werden innerhalb der Familie weitervererbt.

GREEN BALKANS

Die Kontroversen zwischen Investoren und Naturschützern haben in Bulgarien inzwischen Tradition. Da viele landwirtschaftliche Nutzflächen zerstückelt sind und nach der Reprivatisierung sich die Erben der alten Farmerfamilien oft nicht über die Zukunft des Geschäfts einig sind, weicht fruchtbares Land nicht selten tiefen Betonsockeln für Windturbinen. Viel zu selten kommt es dabei zu sinnvollen Kompromissen. So führte der Streit um die Windräder auf Kap Kaliakra bis zum EU-Gerichtshof, der nun jegliche weitere Bauaktivitäten auf dem Kap verboten hat. Die bereits im Schutzgebiet errichteten Turbinen und kommerziellen Objekte (wie der Golfclub Thracian Cliffs bei Kap Kaliakra) dürfen jedoch stehen bleiben. Organisationen wie der WWF und Green Balkans bemühen sich aktuell die wenigen noch vom Bauboom verschont gebliebenen Flecken an der Küste durch Öffentlichkeitsarbeit und organisierte Proteste zu schützen. Auf der Gegenseite pochen die Immobilien- und Landbesitzer auf die Durchführung ihrer Businesspläne. Wegen der oft widersprüchlichen Rechtslage kommen Staat und Justiz auch nicht viel weiter.

POP TRIFFT BALKANFOLKLORE

Eine eigenartige Mischung aus elektronischen und Folkloreinstrumenten und Sprachen: Das ist Čalga. Die Stars der Szene, die Sie in der Sommersaison in hippen Clubs der Küste live erleben, präsentieren sich in Designerklamotten, ihre Körper sind von Schönheitschirurgen getunt und kiloweise mit Goldschmuck bedeckt. Čalga-Musiker sind die absoluten Stars. Radio- und- TV-Sender widmen sich der Unterhaltungskultur, in der vor allem junge Leute ihre Idole erkennen. Die Songtexte schwören auf Individualismus und Geld, die Videos zeigen Luxuslimousinen und teure Yachten. Nicht wenige der Interpreten sind dank Čalga zu Millionären avanciert. Die suggerierte Message, dass allein Sexappeal und coole Outfits ein Leben im Überfluss garantieren, macht Čalga zum begehrten Lifestyle: Mädchen wünschen sich inzwischen zum Schulabschluss von ihren Eltern einen neuen Busen und Botox-Lippen, Jungs rechnen mit einer gebrauchten S-Klasse als Preis für den frischen Führerschein. Hören Sie mal rein: *short.travel/bus45*

LECKERE BAKTERIEN IN REINKULTUR

Klitzekleine, nur unter dem Mikroskop sichtbare Lebewesen fühlen sich auf diesen geografischen Breiten so pudelwohl, dass sie rund um die Uhr für Gesundheit und Genuss sorgen. Sie verwandeln frische Milch von Kühen, Ziegen, Schafen oder Büffel in leckeren Joghurt *(kisselo*

Bulgarischer Joghurt – Wundermittel für fast alles

mljako). In Bulgarien ist die Speise allgegenwärtig: in der Küche als Beilage zu duftender Moussaka oder als Hausmedizin schmerzlindernd auf sonnenverbrannter Haut. Mit Wasser verdünnt als Ayran kommt Joghurt auf den Frühstückstisch, mit Gurke und Dill als kalte Suppe *tarator* eröffnet er den Mittagsschmaus und mit frischen Früchten ist er eine vitaminreiche Alternative zum meist überzuckerten Nachtisch. Joghurt füllt meterlange Regale in bulgarischen Supermärkten, ist verfeinert mit Rosenblütenblättern ein Exportschlager in Asien und wird als die ultimative Nahrung der Hundertjährigen gepriesen. 1904 entdeckte der bulgarische Medizinstudent Stamen Grigorov den *lactobacillus bulgaricus*, der nur unter den besonderen klimatischen Bedingungen des Balkans den Joghurt so fest und schmackhaft macht. Viele Japaner glauben, Kotooshu Katsunori, erfolgreicher bulgarischer Sumo-Käpfer, verdanke seine Kraft den in seiner Jugend verschlungenen Unmengen an Joghurt. Na dann!

MEHR VOM SCHWARZEN MEER

Im Jahr 762 soll das Eis des Schwarzen Meers so fest gewesen sein, dass Pferdewagen von Nesebär bis an die gegenüberliegenden Orte des Kaukasus gelangten. Bei einer Fläche von 420 000 km², mit der das Schwarze Meer Bulgarien, Rumänien, Russland, die Ukraine, Georgien und die Türkei miteinander verbindet, eher unwahrscheinlich. Aber es gibt zahlreiche Anekdoten über dieses Wasser sowie dutzende Theorien zum Ursprung seiner schwarzen Farbe. Zu sozialistischen Zeiten war die inoffizielle Version aktuell, welcher zufolge der über die Donau aus ganz Europa angesammelte Müll, der im Schwarzen Meer landete, der eigentliche Namensgeber sei. Inzwischen sind die chemischen Belastungen des Wassers gering. Dies macht sich nicht zuletzt durch einen reicheren Fischbestand bemerkbar – 34 Fischarten gibt's hier, der Fang wird über EU-Quoten geregelt. Heute ist die Belastung des Schwarzen Meeres eher politisch: Die Flüchtlingswelle aus dem Nahen Osten und die Besetzung der Krim sorgen für Spannung und verstärkte militärische Präsenz der NATO.

WIE ICH DIR, SO DU MIR

Korruption ist überall. Bestechlich sind wir aber nicht! Dieses Statement werden Sie mit Sicherheit zu hören bekommen. Es wäre wirklich überraschend, wenn Sie einen Bulgaren finden, der nicht felsenfest davon überzeugt ist, sein Land sei wahnsinnig korrupt. Auch internationale Organisationen wie Transparency International und westliche Medien finden ständig neue Bestätigungen dieser negativen Aussage. Laut Eurobarometer der Europäischen Kommission ist der Bestechlichkeitsgrad bei Polizei- und Zollbeamten des Balkanlands zwar besonders hoch, jedoch bei privaten Unternehmen, Banken und Versicherungen auf dem Level von Musterrechtsstaaten wie Dänemark und Schweden. Dies sollte allerdings nicht darüber hinwegtäuschen, dass Bulgarien mit Korruption durchaus ernste Probleme hat: eine reformscheue Staatsanwaltschaft, starre Monopole in Energie- und Wasserversorgung, starke Konzentration wirtschaftlicher Macht und beeinflussbare Massenmedien. Es gibt noch viele Baustellen, aber als Urlauber werden Sie wohl kaum etwas davon zu spüren bekommen.

MAFIABAROCK

Nach dem mausgrauen sozialistischen Beton kamen kitschige Fassaden und verspielte Türmchen an die Küste. Unternehmer, durch die Wendezeit reich geworden, und illegale Clans erkannten rasch die Gewinnchancen und investierten. Oft baurechtlich und ästhetisch völlig daneben, doch im Dunst der aufkommenden Marktwirtschaft herrschte Chaos und vieles war, nicht unbedingt rechtmäßig, in der Praxis möglich. So entstanden die seltsam anmutenden Villen und Hotels, deren skurriler Baustil der Volksmund mit der organisierten Kriminalität in Verbindung setzt.

WO ANDERE URLAUB MACHEN ...

... lässt sich's gut studieren. Früh am Morgen Anatomie büffeln, danach Surf & Beach. Nur wenige Universitäten haben den Sandstrand und das warme Meer gleich hinter dem Campus. Eine davon lehrt in Varna. Kein Wunder, dass der Andrang groß und international ist. Aktuell studieren hier allein aus Deutschland über 500 künftige Mediziner – trotz relativ hoher Studiengebühren (4000 Euro für zwei Semester). Dafür gibt's keinen Numerus clausus, niedrige Mieten und geringe Unterhaltskosten und den Strand gleich um die Ecke.

KANN DENN SPIONAGE SÜNDE SEIN?

Als der 98-jährige Patriarch Maxim, Oberhaupt der Bulgarischen orthodoxen Kirche, 2012 verstarb, war es nicht einfach einen Nachfolger zu benennen. Die meisten zur Wahl antretenden Würdenträger hatten fette Akten bei der sozialistischen Staatssicherheit und kamen daher nicht infrage. Vor der politischen Wende waren offiziell zwar Religion und Staat streng voneinander getrennt, Ostern und Weihnachten waren stinknormale Arbeitstage, doch die Tatsache, dass viele der angeblich frommen Gottesdiener als Geheimagenten und Denunzianten unterwegs waren, brachte der orthodoxen Kirche einen schweren Imageschaden, der bis heute nicht überwunden scheint. Daher ist es verständlich, dass viele Gläubige das moralische Defizit in der Gesellschaft selbst (ohne die Kirche) zu ersetzen versuchen: Sie besinnen sich auf traditionelle Bräuche und orthodoxe Feste, die Sie auch live erleben können. Und nicht wenige Bulgaren feiern ihren aus dem orthodoxen Kirchenkalender ersichtlichen Namenstag ausgiebiger als den eigenen Geburtstag.

CLEVER BAUEN

Es ist Symbol des wirtschaftlichen Aufschwungs und des wiedererstarkten Selbstbewusstseins der Bulgaren Ende des 18. Jhs. und darüber hinaus ein äußerst effizienter Klimahaushalter: das Wiedergeburtshaus. Sind Sie in in den Altstädten von Nesebăr und Sozopol unterwegs, kommen Sie an ihnen nicht vorbei. Le Corbusier soll von der Funktionalität und dem Einklang dieser Gebäude mit der Natur begeistert gewesen sein. Das typische Wiedergeburtshaus ist zweistöckig, gebaut von einer zahlungskräftigen Elite, die nach der Öffnung von Handwerk und Handel auf lokaler Ebene durch die Osmanen auch architektonisch Zeichen des neuen Wohlstands setzten. Die untere Etage aus Stein beherbergte den Stall, die Tiere dienten im Winter als natürliche Heizquelle für die obere Etage aus Eichenholz. Diese ragt über die untere hinaus und berührt fast die Außenwände des gegenüberliegenden Gebäudes. Diese ineinandergreifenden Erker und Balkone sind eine natürliche Klimaanlage und sorgen in den Sommermonaten für kühlen Schatten. Die dicken mannshohen Steinmauern versperren mit Absicht den Blick auf die prächtigen Innenhöfe: Die osmanischen Besatzer sollten nach Möglichkeit draußen bleiben.

GLOBALER DUFT

Hätten Sie's gewusst? Fast jeder von uns trägt etwas typisch Bulgarisches an sich. Denn wer ein Parfüm benutzt, verbreitet mit großer Wahrscheinlichkeit auch gleichzeitig den Duft der bulgarischen Rose. Das ätherische Öl der Rosa Damascena ist unverzichtbarer Bestandteil der edlen Parfümerie und Bulgarien weltweit größter Exporteur der wertvollen Flüssigkeit. Zwei bis drei Tonnen Rosenblüten ergeben nach dem Destillieren ein Kilogramm Rosenöl. In den günstig angeboten hölzernen Souvenirfläschchen ist allerdings nur das Rosenwasser abgefüllt. Immerhin zahlt man für 100 Gramm reines Rosenöl auf dem Weltmarkt bis zu 700 Euro.

DAS GANZE JAHR WEIN

Eine bulgarische Winzerweisheit besagt: In Monaten, in denen der Buchstabe „r" vorkommt, sollte man Rotwein trinken. In den übrigen ist Weißwein zu empfehlen. Abstinzenz klingt anders. Aber: Unterschätzen Sie die bulgarischen Weine nicht – und damit sind nicht etwa Eselsmilch und Rosenthaler Kadarka gemeint, die bei deutschen Touristen leider immer noch beliebt sind und auf etlichen Weinkarten stehen.

In der Antike galten die Thraker als ausgezeichnete Winzer. Der Wein war so gut, dass der 802 geborene Khan Krum sich gezwungen sah, sein junges Reich mit einer rigorosen Maßnahme vor übermäßigem Weinkonsum zu schützen: Er ließ alle Weinstöcke vernichten. In den 1980er-Jahren versuchte die kommunistische Partei Ähnliches.

Heute sind alle Kellereien in privater Hand, immer mehr junge Reben werden gepflanzt. Die Weine sind vorwiegend trocken, vor allem die roten schneiden im internationalen Vergleich gut ab. Auch einige Weißweine sowie Rosé aus Pomorie liegen gut im Rennen.

Wiedergeburtshaus in Nesebär: Alles unter Dach und Fach

ESSEN & TRINKEN

Bulgariens Lage an der Grenze zwischen Asien und Europa prägt seine vielfältige Speisekarte. Die traditionellen heimischen Gerichte wurden stets durch die Küchen der Nachbarländer bereichert. Viele Speisen und Getränke tragen auch heute türkische oder griechische Namen.

Essen und Trinken spielen im Leben der Bulgaren eine zentrale Rolle. Zu Hause oder im Restaurant wird gern und lang getafelt. Die vielen Cafés, Konditoreien, Restaurants und die volkstümlichen Lokale ***hanče*** und ***mehana*** sind immer gut besucht. Das Angebot ist meist auch in Englisch und Deutsch geschrieben.

Bulgaren beginnen ihr Mahl stets mit einem Salat. Im Sommer besteht er aus den frischen Gemüsesorten der Saison, oft bestreut mit ***Schafskäse***. Besonders lecker schmeckt im Frühjahr der grüne *zelena salata* mit Gartenlattich, Zwiebellauch, Dill und hart gekochten Eiern. Der Salat mit dem Namen ***Schneewittchen*** *(snežanka)* wird aus Sauermilch, Gurken, Dill, gepresstem Knoblauch und geriebenen Walnüssen zubereitet.

Zum Salat gehört traditionsgemäß ein guter Schnaps. Er bereitet den Magen auf das folgende, meist sehr kalorienhaltige Essen vor. Bevorzugt wird der *grozdova rakija* aus Weintrauben. Kenner schwören auch auf den ***Anisschnaps*** *mastika* oder den *slivova rakija* aus Pflaumen. Die bulgarische Küche ist sehr arbeits- und zeitaufwendig. Das Aroma der Produkte soll sich voll entfalten können, und so wird grundsätzlich auf kleiner Flamme, vorzugsweise ***im Tontopf***, stundenlang

Viel Gemüse, viel Fleisch, viele Kräuter und oft viele, viele Kalorien: Schöpfen Sie beim Küstenküchen-Genuss aus dem Vollen

geschmort oder gebacken. Hinzu kommen die vielfältigen einheimischen Gewürze. Bulgarien gehört zu den größten Kräuterexporteuren der Welt.

Nach dem Salat kommt Suppe auf den Tisch. An heißen Tagen ist der kalte *tarator* eine köstliche Erfrischung: Gurken, Knoblauch, Dill, Nüsse und Olivenöl in verdünntem Joghurt. Sehr lecker sind die **Bohnensuppe** *bob čorba*, die nach zu viel Alkoholgenuss gar als Heilmittel geltende Fleckensuppe *škembe čorba* aus Pansen mit Milch und die für die Schwarzmeerküste typische **Fischsuppe** *ribena čorba*.

Beim Hauptgericht dominieren Schweine-, Geflügel- und Rindfleisch, meist vom **Holzkohlegrill** *(skara)*. Vorher mariniert, bekommt es einen feinen Geschmack. Fleisch mit viel Gemüse im Tontopf, mit Schafskäse und Ei gefüllte Paprikaschoten, gebackene Auberginen, Hackfleisch mit Reis in Wein- oder Kohlblätter gewickelt, frittierte Zucchini oder Kartoffelauflauf mit Hack sind weitere typisch bulgarische Gerichte.

SPEZIALITÄTEN

baklava – süße, sirupgetränkte Blätterteigtaschen mit Nüssen (Foto re.)
banica – Blätterteigtaschen gefüllt mit Schafskäse, Porree oder Spinat
čiroz – getrockneter Schwarzmeerfisch
file elena – in Kräuter gehülltes, getrocknetes, dünn geschnittenes Fleisch
gjuveč – Fleisch und Gemüse im Tontopf gebacken
kačamak – Maisbrei mit Schafskäse, Butter und Ei überbacken
kavârma – Fleischstückchen mit Zwiebel und Paprika im Tontopf
kjopolu – Auberginenpüree mit Knoblauch
kjufte – Klößchen aus Hackfleisch und Zwiebel vom Grill
kozunak – Osterzopf mit Rosinen
ljuti čuski – scharfe Peperoni, frisch oder eingegelegt
miš-maš – Tomaten, Paprika, Schafskäse und Rührei aus der Pfanne
musaka – Kartoffeln und Hackfleisch überbacken mit Eiern und Joghurt
nadenički – gegrillte Würste
palacinka – Pfannkuchen, süß gefüllt
pečeni čuški – geröstete und gehäutete Paprika in Essig
ribena čorba – Fischsuppe
salata bob – weiße Bohnen mit Zwiebellauch in Essig und Öl
sârmi – Hackfleisch mit Reis in Wein- oder Kohlblätter gewickelt
sirene po šopski – gebackener Schafskäse mit Tomaten und Ei im Tontopf (Foto li.)
šopska salata – frische Tomaten, Gurken, Paprika, Zwiebeln, Petersilie bestreut mit Schafskäse
sudžuk – salamiartige Wurst in Hufeisenform, die in dünne Scheiben geschnitten wird
tarama haiver – Rogen oder Kaviar mit Zwiebel
vinen kebap – Fleischstückchen in Wein aus dem Tontopf
vreteno – Filetroulade gefüllt mit Käse und Pilzen

An der Küste ist das Fischangebot reichhaltig. Allerdings stammt der Fisch nicht unbedingt aus dem Schwarzen Meer. Empfehlenswert sind die heimischen Sorten Steinbutt *(kalkan)*, Blaufisch *(lefer)*, ***Stachelmakrele*** *(safrid)* und der thunfischartige Bonito *(palamud)*.
Wer Fleischloses bevorzugt, sollte unbedingt die Eier nach Art von Panagjuriše *(jaitsa po panagjurski)* probieren: po-

chierte Hühnereier auf Joghurt mit zerlassener Butter, rotem Pfeffer und Knoblauchchips. Ebenso lecker: der im Blätterteig gebackene Porree *(banica s praz)* oder **geröstete Paprikaschoten** in Tomatensoße *(čuski v domaten sos)*.

Westeuropäische Besucher sind oft irritiert, dass die Speisen selten heiß serviert werden. Bulgaren bevorzugen das Essen lauwarm oder kalt. Eine Besonderheit ist auch das separate Ordern der Beilage *(garnitura)*. Gemüse und Kartoffeln werden extra bestellt. Locals essen in der Regel zu Vor- und Hauptspeise **Weißbrot** *(hljab)*.

In den letzten Jahren wird auch in Bulgarien immer mehr Wert auf hochwertige und gesunde Nahrung gelegt. Für Milchprodukte und Fleischerzeugnisse wurde ein **nationaler Qualitätstandard** eingeführt, der durch ständige staatliche Kontrollen gewährleistet wird und bessere Exportchancen sichern soll. Bio ist inzwischen auch Thema. In allen größeren Supermärkten gibt es Bioabteilungen, in größeren Orten wie Varna oder Burgas stehen Bioläden. Die angebotenen Produkte werden zu zwei Drittel importiert, doch finden sich auch leckere bulgarische Biospezialitäten wie **Tauhonig** *(manov med)*, luftgetrocknete Büffelwurst *(bivolski sudžuk)* oder gelber Ziegenkäse mit Walnüssen *(koze kaškaval s orehi)*.

Zum feinen Essen gehört ein guter **bulgarischer Wein**. Typische Rotweinsorten sind die trockenen *Rubin, Gămza* und *Mavrud*. Ausgesprochen gute Weißweine sind der *Misket* aus der Region Strandža und der Traminer aus Khan Krum. Ausgezeichnete Qualität haben die Weine aus den Regionen Melnik, Russe, Sliven und Suhindol. Dazu passen hervorragend der Hartkäse *kaškaval* oder **mit Schafskäse bestreute Pommes** *(kartofki săs sirene)*.

Bulgarisches Bier ist süffig und preiswert. Probieren Sie die einheimischen Marken *Kamenica, Zagorka und Šumensko pivo*. *Oblak* (Wolke) ist ein preiswerter, erfrischender **Cocktail** aus Pfefferminzlikör und Anisschnaps. Das Mineralwasser ist von sehr guter geschmacklicher Qualität und stammt aus den zahlreichen bulgarischen Heilquellen.

Reife Trauben – Grundstoff leckeren bulgarischen Weins

Zum Nachtisch wird Obst oder Süßes serviert. Noch aus der Zeit der türkischen Herrschaft stammen die in Zuckersirup buchstäblich schwimmenden Teigwaren. Besonders lecker sind die Blätterteigtasche mit Kürbisfüllung *tikvenik* sowie die flache, extrem süße **Schokoladentorte** *garaž*.

Beim abschließenden Kaffee bevorzugen die Bulgaren den **Espresso**. In einigen Lokalen auf dem Land gibt es auch türkischen Kaffee. Filterkaffee servieren fast nur die von ausländischen Gästen bewohnten Hotels. Bei Restaurantbesuchern längst etabliert haben sich die Drink-and-Drive Angebote: Ein Anruf genügt und ein Chauffeur fährt Sie ins Hotel.

EINKAUFEN

In Zeiten der Globalisierung wird es auch in Bulgarien immer schwieriger, authentische Mitbringsel und Geschenke zu entdecken. Die internationalen Handelsketten haben die Schwarzmeerküste längst besiedelt und bieten so ziemlich alles, was Sie auch in Berlin, Bern oder Wien kaufen können. Kitschige Souvenirs made in Irgendwo säumen die Touristenpfade. Doch mit ein wenig Aufmerksamkeit lässt sich das eine Schöne und das andere Leckere ausmachen.

Als *menteta* werden in Bulgarien die unzähligen gefälschten Markenartikel bezeichnet, die inzwischen die Bulgarische Schwarzmeerküste buchstäblich überschwemmen. Von vorgeblichen Levis-Jeans und Adidas-Sportanzügen bis zu scheinbaren Rolex-Uhren und Ray-Ban-Sonnenbrillen gibt es Kopien aller angesagten Produkte zu verdächtig niedrigen Preisen auf offener Straße. Bei derart verlockenden Angeboten sollten Sie aber wissen, dass auch der Kauf dieser Produkte ungesetzlich ist.

BAUERNMÄRKTE

Einmalig ist der Besuch eines Bauernmarkts. Fast jeder Schwarzmeerort hat seinen eigenen bunten *pazar*, auf dem täglich taufrisches Obst und Gemüse, Gewürze, Tee, Honig und Nüsse angeboten werden. Typische Erzeugnisse für die Küste sind die hausgemachte Feigenmarmelade oder die getrockneten Salzfische *tschirus*. Vor allem für Vegetarier ist der bulgarische Bauernmarkt ein regelrechtes Paradies. Probieren vor dem Kauf ist meistens ausdrücklich erlaubt. Die Preise sind grundsätzlich angeschrieben, jedoch vor allem bei ansteigender Kaufmenge verhandelbar.

LEBENSMITTEL

Ein spannendes Einkaufsfeld sind die lukullischen Produkte Bulgariens. Gewürze bewahren auch zu Hause ihren typischen Geschmack: das Bohnenkraut *čubrica* oder der Kräutermix *šarena sol* (buntes Salz), die Sie beim Kochen und Braten nehmen oder einfach auf Brot und Schafskäse streuen. Letzterer lässt sich übrigens ganz praktisch in der Ein-Kilo-Metalldose mit nach Hause nehmen. Zu empfehlen sind zudem der bulgarische Bienenhonig sowie die zahlreichen Kräutertees. Meist noch von Hand in den zahlreichen Hochgebirgen des Balkanlands gepflückt, ist Tee auch bei heißen Temperaturen erfrischend. Pro-

Schafskäse, Feigenmarmelade, Schokolade: Vom Shopping an der Schwarzmeerküste profitiert vor allem Ihr guter Geschmack

bieren Sie doch mal *mursalski čaj* aus bulgarischen Wildpflanzen (im deutschsprachigen Raum als Griechischer Bergtee bekannt). Sie finden ihn sowohl auf den Bauernmärkten als auch in gut sortierten Läden. Im Supermarkt sind die Biokräutertees zu empfehlen. Wer Süßes mag, der geht sicher nicht an der INSIDER TIPP bulgarischen Schokolade vorbei: dem Pausensnack *Moreni*, der Vollmilchschokolade mit Sesam von *Svoge* oder der Herrenschokolade aus der Familienfabrik *Koleff*. Ausgesprochen lecker (und süß!) sind *Halva* (geriebener Sesam, Honig, Nüsse und Kakao) sowie *Lokum* – eine viereckige, geleeartige Süßigkeit.

SOUVENIRS

Beliebtes Mitbringsel ist das in einem kleinen Holzgefäß im Rosental abgefüllte Rosenölparfüm. Oder schön designte Fläschchen mit Rosenwasser. Originell und preiswert sind Ikonenkopien, die Sie am besten in einer Galerie kaufen, denn bei einer Zollkontrolle benötigen Sie den Stempel, der bekundet, dass sie nicht aus einer Kirche entwendet sind. Vorsicht ist deshalb auch beim Kauf wirklicher Antiquitäten geboten, die nur mit einem entsprechenden Zertifikat ausgeführt werden dürfen.

Holzschnitzereien oder Puppen in Bauerntrachten sind, Sie werden es nicht glauben, ebenfalls beliebte Geschenke. Weitere schöne Mitbringsel für Daheimgebliebene sind Schalen oder Gefäße aus der typischen Troyan-Keramik. Es gibt sicher noch mehr Souvenirs, aber von da ist es dann nicht weit zum Kitsch …

WEIN & SPIRITUOSEN

Bulgarische Rotweine genießen einen guten Ruf und sind in den verschiedensten Variationen und aus den unterschiedlichsten Kellereien überall zu haben. Empfehlenswert: der Weinbrand *Pliska* oder der preisgünstige Sekt *Iskra*.

DER NORDEN

Der sich nördlich des Balkangebirges erstreckende Küstenabschnitt ist geprägt von der Weite des Dobrudža-Plateaus, Bulgariens Kornkammer. Die scheinbar endlosen Weizenfelder bedecken die Ebene zwischen dem Flusslauf der Donau und dem oft steinigen Meeresufer.

Die Städte lassen sich schon von Weitem an ihren riesigen Kornsilos erkennen. Dort, wo die Strände sandig sind, florieren große Ferienbäder wie Riviera, Goldstrand und Albena. Nahe der Grenze zu Rumänien sind die beachtlichen Sandstreifen zwar noch jungfräulich. Aber wer weiß, wie lange ... Fahren Sie jetzt dorthin. In den zahlreichen Naturreservaten entlang der Zugvögelroute Via Pontica entkommen Sie dem wachsenden Touristenandrang.

Das Zentrum des Nordens ist die Metropole Varna, die teuerste Stadt Bulgariens. Die für größere Häfen charakteristische Mischung aus Schwarzhandel, Schmuggel und Rotlichtmilieu hat hier schon vor vielen Jahrzehnten für besonderen Wohlstand gesorgt.

Heute profitiert die Bevölkerung Varnas in erster Linie vom Urlauberboom. Historische Sehenswürdigkeiten wie das Schloss Balčik oder die Ruinen der Festung auf dem Kap Kaliakra bieten eine angenehme Abwechslung zu Sonnenbädern am Meer und eine gute Gelegenheit, mehr über das Leben der Küstenbewohner zu erfahren. Zwischen komfortablen Urlaubskomplexen und verschlafenen Fischerdörfern scheint hier kein Widerspruch zu liegen. Die vielsei-

 Bild: Strand Balčik

In den großen Seebädern im Norden sind Sie garantiert nicht allein, aber ruhige Ecken gibt's – wenn Sie die überhaupt suchen ...

tige und reizvolle Natur sorgt dabei für harmonischen Ausgleich.

ALBENA

(127 E4–5) (*🕮 F6*) **Das riesige Hotel Dobrudža ist schon von Weitem zu sehen. Bald werden auch die für Albena typischen, wie Pyramiden am Strand aneinandergereihten Hotels erkennbar.** 1968 wurde die zu den jüngsten bulgarischen Feriensiedlungen zählende Anlage auf dem bis dahin unbewohnten attraktiven Gelände errichtet. Der Ferienort, in dem fast ausschließlich Urlauber wohnen, trägt den Namen einer literarischen Mädchenfigur des bulgarischen Schriftstellers Jordan Jovkov. Albena ist auch heute noch ein beliebter und häufiger Frauenvorname und gilt als Symbol von Schönheit und Reinheit.

Die Ferienoase hat den Namen durchaus verdient: Frische Seeluft, angrenzende Wälder und das aus dem Boden sprudelnde heilende Mineralwasser – mehr braucht man nicht im Urlaub. Seit mehr als zwei Jahrzehnten trägt der Ferienort die angesehene Auszeichnung Blaue Flagge, die ihm für das saubere Meereswasser, den tadellosen Strand und den Erhalt der natürlichen Umgebung jedes Jahr neu verliehen wird. An die einst umstrittene kubistische, stufenartige Architektur haben sich inzwischen alle gewöhnt. Die schattigen Hotels am Hang mit eigenem Pool sind ebenfalls gut. Dank beschränkter Zufahrt hält sich der Verkehr in Grenzen. Das Zentrum ist Fußgängerzone. Im Gegensatz zu den anderen großen Badeorten wurde Albena vollständig privatisiert. Die komplette Infrastruktur ist modernisiert. Elektrisch betriebene Autos und Busse sowie Rolltreppen im Freien, die den Strand mit den höher gelegenen Hotels und der Parkzone verbinden, tragen zur Reduzierung der CO_2-Emissionen bei. Kostenloses WLAN im gesamten Kurort ist Standard. Per App bestellen Sie Sonnenschirme und Drinks direkt an den Strand. Lust auf einen Krimi am Strand? In kostenfreien Strandbibliotheken leihen Sie sich einfach einen aus (verschiedene Sprachen erhältlich)!

Zahlreiche Tennisplätze, Fußballfelder, eine überdachte Sporthalle sowie eine Reitschule sind zugleich Alternative und Ergänzung zum klassischen Wassersport. In den kalten Wintermonaten trainieren hier professionelle Clubs aus dem In- und Ausland. Der Kurort pflegt eigene Obst- und Gemüsegärten sowie sonnige Weinberge. Die frische Ernte landet in den Küchen der hiesigen Restaurants.

Albena: Beachvolleyball? Tauchen? Wasserski? Ach nö, Zugucken ist auch ein netter Sport

ESSEN & TRINKEN

CIEL BLEU

„Blauer Himmel" heißt das Feinschmeckerrestaurant auf dem Dach des Hotels Dobrudža. Das Lokal mit dem allerbesten

Blick auf den nördlichen Teil der bulgarischen Schwarzmeerküste führt gehobene französische Küche. Highlight ist das Schweinefilet mit Camembert und Herbstkartoffel. *Tel. 088 5 85 32 67 | €€€*

TEX-MEX HOUSE

Dies ist der mit Abstand beste Mexikaner der Küste. Saftige Tacos, Burritos und gegrillte Calamares in scharfer Soße werden serviert bei heißer Livemusik einer Band aus waschechten Mexikanern. *An der zentralen Allee des Seebads | Tel. 088 5 85 38 30 | €€*

FREIZEIT & SPORT

INSIDER TIPP AQUAMANIA

Hier kommt Ihr Adrenalin richtig in Fahrt! Auf einer Fläche so groß wie fünf Fußballfelder haben bulgarische Star-Architekten zusammen mit Wasserrutschenexperten aus Kanada einen der spannendsten Funparks in Europa gestaltet. Mamut Rafting, Free Fall, Wild River oder auf vier separaten Spuren um die Wette rutschen: Dank technischer Raffinessen erhält das Wasser einen neuen Kick. *Tgl. 9.30–18.30 | Tagesticket 13 Euro | facebook.com/AquamaniaAquapark*

PANORAMAFLÜGE

Vom nahe gelegenen ehemaligen Militärflugplatz Balčik starten Kleinflugzeuge zu Rundflügen über die Küstenregion. Sie erleben wunderbare Aussichten auf Albena, Kamen brjag, das Kap Kaliakra und die spektakulären Golfplätze direkt an den Felsklippen. *Ab 149 Euro für bis zu 3 Pers. | Tel. 087 9 39 99 27 | short.travel/bus12*

SPORT

Radfahren bringt in und um Albena Spaß. Das Terrain ist angenehm flach, die Straßen sind gut asphaltiert. Schöne Touren führen z. B. nach Balčik. Fahrräder und E-Bikes vermietet jedes Hotel.

Mehr als 20 Elitepferde stehen Ihnen – egal, ob Sie Anfänger und fortgeschrit-

MARCO POLO HIGHLIGHTS

★ Manastir Arat Teke
Lebensenergie pur: das Kloster mittelalterlicher Derwische → S. 38

★ Nos Kaliakra
70 m hohe, atemberaubende Felsen → S. 45

★ Taukliman
Abgeschiedene Vogelbucht und Urlaubsoase → S. 46

★ Jailata
Gefährliche Klippen und antike Grabstätten → S. 44

★ Delta des Kamčija
Bulgariens vielfältiges Dschungelgebiet steht unter Unescoschutz → S. 55

★ Archeologičeski muzej
Das älteste Goldgeschmeide der Welt glänzt in Varna mit den Augen der Besucher um die Wette → S. 48

★ Aladža manastir
Das mittelalterliche Kloster mit Kapelle im Fels versteckt → S. 58

★ Schloss Balčik
Wo die rumänische Königin Maria einst die Schönheit von Orient und Okzident vereinte → S. 39

★ Rimski termi
Das antike Wellnesszentrum in Varna, wo Römer früher badeten → S. 51

★ Madarski konnik
Der Reiter ist Europas Vorzeigedenkmal aus dem frühen Mittelalter → S. 56

ten sind – auf der *Reitbahn (rechts vom Haupteingang hinter dem Busbahnhof | Tel. 0579 62181)* sowie für Ausflüge zur Verfügung. Es gibt geschlossene sowie Sommerpferdeboxen und eine 70 m lange Manege. Tennisplätze liegen am *Hotel Ralitsa*. Der *Yachtclub (Tel. 088 8605410 | www.albena.bg)* bietet Surf-, Segel-, Wasserski- und Tauchkurse. Fußball spielen Sie auf einem der sieben Fußballfelder. Auch für Feldhockey gibt es in Albena sehr gute Bedingungen und einen geeigneten Spielplatz.

THALASSOKUREN

Konstant 30 °C warmes Mineralwasser in Kombination mit Kalksteinschlamm führen unter Anwendung begleitender Elektrotherapie, Gymnastik und wohltuender Massagen zu einem Reset von Körper und Geist. Verpassen Sie im Komplex *Medica Albena* nicht die asiatischen und traditionellen bulgarischen Behandlungen mit Algen, Bienenhonig und Rotwein.

Spa-Komplexe führen auch die Hotels *Ralitsa Superior* und *Flamingo Grand*. Infos: *www.spa-albena.com/de*

LOW BUDG€T

Fast symbolische Preise zahlen Sie für den Eintritt bei Rockkonzerten an der Küste. Das 2-Tage-Ticket für *Varna Mega Rock* gibt es schon ab 35 Euro. Kostenfrei ist der Besuch der klassischen Darbietungen im Rahmen des Festivals *Classic Days* in Balčik.

Der kleine Laden *Central* hinter dem Verwaltungsgebäude des Kurorts Albena bietet Top-Produkte aus den Gärten der Ferienoase zu Schnäppchenpreisen: Biosäfte aus Äpfeln, Kirschen und Birnen, frisches Obst und Gemüse, Biohonig sowie trockene Weißweine aus den Albena-Weinbergen. Preiswerte Mode findet man an der Flaniermeile vom *Hotel Dobrudža* in Richtung Norden.

AM ABEND

GANVIE

Kultige Beachbar mit tollem Strand und Aussicht auf das nahe gelegene Balčik. Nach 22 Uhr beliebter Szenetreff junger Bulgaren, die über das Wochenende aus der fast 500 km entfernten Hauptstadt Sofia anreisen. *Tel. 088 7623197*

GORSKI TZAR

Jeder Čalga-Anbeter will hier einmal gewesen sein. Turbofolk bis zum Abwinken. Auch wenn Sie diese Musik nicht mögen: eine Weile zuschauen ist das Erlebnis wert. Im Waldabschnitt am Meer, Tanzfläche unter einem großen Schilfdach. *Tgl. 0–24 Uhr | Tel. 088 7623197 | short.travel/bus36*

INSIDER TIPP NOMAD BEACH CLUB

Hier, unmittelbar am 7 km langen Strand von Albena, chillt das junge, hippe Urlauberpublikum bei schmackhaften Basics der bulgarischen Strandkultur wie *Šopska salat* und dem Pfefferminz-Anis-Mix *Oblak*. *Tgl. 10–24 Uhr | am nördlichen Ende | nahe Hotel Arabella Beach | Tel. 088 6814533 | short.travel/bus35*

ÜBERNACHTEN

HOTEL FLAMINGO GRAND

Das 5-Sterne-Hotel verfügt über 600 m² hochwertige Solaranlagen zum Erwärmen von Wasser und verwendet energiesparende und umweltverträgliche Anlagen. Das Spa-Zentrum gilt als eines

Hotel Gergana Beach: Wasser, wohin das Urlaubsauge blickt

der besten an der Nordküste. *158 Zi. | 24 Apts. | Tel. 0579 6 22 70 | www.flamingo grand.com | €€*

HOTEL GERGANA BEACH

Das 4-Sterne-Hotel grenzt an das Naturreservat Baltata. Von den oberen Etagen eröffnet sich ein prächtiger Blick auf Wald und Meer. Die Zimmer zur Straße sind etwas laut wegen der dort wendenden Bimmelbahnen und Busse. Auskunft an der Rezeption. *293 Zi. | Tel. 0579 6 29 10 | short.travel/bus27 | €€*

HOTEL KALIOPA

Gemütliches Hotel direkt am Strand mit Pool und Tennisplätzen. Wer lange nicht beim Griechen essen war, kann es hier nachholen. *141 Zi. | Tel. 0579 6 29 12 | www.albena.bg | €€€*

AUSKUNFT

Die Touristeninformation ist im Basar-Komplex an der Promenade untergebracht, gleich neben der Post. Ausflüge, Autovermietung, Sport- und Wellnessangebote werden hier direkt vermittelt. *Tel. 0800 122 11 | www.albena.bg*

ZIELE IN DER UMGEBUNG

KRANEVO (127 E5) (*F6*)

Das Dorf (1300 Ew.) südlich der Mündung der Batova war während des Sozialismus eines der größten Kinderferienlager Bulgariens. Heute ist es ein stiller Küstenort, in dem vor allem Bulgaren ihre Ferien verbringen. Spannend und malerisch ist ein Spaziergang am Strand von Albena bis Kranevo. Die Batova kommt dort aus dem Wald und durchschneidet den Strand bis zum Meer. Sie können barfuß durch das flache Flusswasser zur anderen Strandseite waten und anschließend Rast in einer der gemütlichen Dorfkneipen am Wasser machen. Für Übernachtungsgäste empfehlenswert ist das Spa-Hotel *Therma Palace (42 Zi. | 16 Apts. | Primorska 25 | Tel. 088 6 69 89 44 | www.thermapalace.com | €€)*. Sie wollen typische bulgarische Küche und traditionelle Livemusik erleben? Dann ab ins angenehme Gartenrestaurant *Izvora (Černomorska 35 | Tel. 0579 6 63 65 | www.izvora-kranevo.com/en-us | €€)*. Besonders romantisch: die Tische am Bächlein. Wer im Sommer eine Abkühlung braucht, der geht einfach in die Eissporthalle INSIDER TIPP *Black Sea Ice Arena (Tgl. 8–21 Uhr | Eintritt 7,50 Euro/Std., Schlittschuhe 2,50 Euro/Std. | Masiv 25 | Tel. 088 3 44 49 33 | thermavillage.com)*. 3 km

MANASTIR ARAT TEKE (KLOSTER ARAT TEKE) ★ (127 E4) (*F6*)

In einem schönen Park am Ortseingang des Dorfes Obročište liegen die Reste des mohammedanischen Klosters Arat Teke (arabisch: Ak Sakkali Baba). Es bestand aus einem Mausoleum des moslemischen Heiligen Ak Sakkali Baba (Der weißbärtige Vater) und einem Imaret – einem Haus, in dem Wandermönche auf dem Weg nach Mekka kostenlose Unterkunft und Bewirtung fanden. Das im 14. Jh. errichtete Mausoleum ist bis heute erhalten und zeigt, wie sich Menschen damals gegen Naturgewalten zu schützen wussten. Bleirohre im Inneren der Ziegelsteine gaben Halt bei Erdbeben. Die Decke ist mit Figuren und stilisierten Pflanzenornamenten verziert. In der Mitte des Turms liegt das Grab Ak Sakkali Babas. Der verräucherte Küchenschornstein der Herberge, in der einst bis zu 200 Derwische beköstigt wurden, ist noch zu sehen.

Auch für Christen hat das Grab Bedeutung. Bulgaren sehen in ihm die letzte Ruhestätte des heiligen Atanas, Beschützer der Haustiere. Dankbare Gläubige bedecken den Sarkophag mit Blumen. Wer seine Hand in die obere Öffnung steckt, darf sich etwas wünschen und sollte dreimal im Kreis gehen, damit der Wunsch in Erfüllung geht. Auf dem Gelände werden klassische Konzerte gegeben. *Mi–So 9–17 Uhr | Konzerte So 20–21 Uhr | Eintritt 1,50 Euro | Tel. 0579 6 31 93 u. Tel. 089 9 30 09 13*. 3 km

Infos und Führungen vermittelt auch das für den Klosterkomplex zuständige *Stadtmuseum* in Balčik *(Dimitar Želev 2 | Tel. 0579 7 21 77)*.

BALČIK

(127 E4) (*F6*) **Die stille Bucht, eingerahmt von 100 m hohen Kalksteinhängen, fasziniert den Besucher gleich auf den ersten Blick.**

Zahlreiche, durch einen Erdrutsch in Richtung Meer verschobene Felsformationen prägen die Landschaft. Inmitten des steinernen Wirrwarrs erstrahlen malerisch die einzelnen Stadtviertel der subtropischen Stadt Balčik (12 700 Ew.): weiß getünchte Häuser mit feuerroten Dächern und grünen Gärten, die sich vom Hintergrund der hellen Felsen abheben. Es scheint, als ob sie alle wie auf

einer riesigen Wasserrutsche in Richtung Meer abdriften.
Balčik gilt als die schönste Stadt nördlich von Varna und ist der drittgrößte Hafen an der Bulgarischen Schwarzmeerküste. Während der rumänischen Besatzung nach 1912 wurde Balčik Silberküste genannt und avancierte zum Zentrum der rumänischen Aristokratie. Die Atmosphäre der Stadt blieb trotz der Modernisierung der letzten Jahrzehnte erhalten: die kopfsteingepflasterten, engen Gassen, die altertümlichen Häuser, die malerischen Gärten und vor allem das Schloss der Königin Maria mit dem botanischen Garten.

SEHENSWERTES

SCHLOSS BALČIK ★

Das Schloss von Balčik und der botanische Garten der rumänischen Königin Maria, Mutter des letzten rumänischen Königs, sind ein Muss bei der Sightseeing-Tour. Maria war leidenschaftliche Anhängerin des Bahaismus, der die Vereinigung aller Religionen und den Kult der Schönheit predigt. Das schlug sich vor allem im eklektischen Baustil des Schlosses nieder: eine ausgefallene, aber gelungene Mischung aus antiken, maurischen, gotischen und altbulgarischen Elementen – eine Brücke zwischen Orient und Okzident. Das Hauptgebäude gleicht einem orthodoxen Kloster mit moslemischem Minarett. Im Park steht eine kleine christliche Kirche, die Stein für Stein von der Insel Kreta nach Balčik transportiert wurde. Sehenswert auch: das Sommerbad im römisch-arabischen Stil. Griechische Amphoren, türkische Grabsteine, Kreuze aus Moldawien und Bessarabien säumen die Alleen. Der Schlosspark wurde dem sagenhaften Labyrinth von Knossos (Kreta) nachempfunden.
Der größte Reichtum des Schlosses ist der 6,5 ha große botanische Garten. Vom subtropischen Klima und den mi-

Im botanischen Garten im Park von Schloss Balčik wächst zusammen, was zusammengehört

Schön essen und anderen bei der Arbeit zusehen: Hafenlokal in Balčik

neralhaltigen Wasserquellen profitieren hier über 3000 Pflanzenarten aus dem Mittel-, Schwarzmeer- und Pazifikraum, aus Südasien sowie aus Südamerika. Der INSIDER TIPP Kakteengarten ist der zweitgrößte Europas und bietet von der Parkterrasse aus eine tolle Aussicht aufs Meer. Der große Rosengarten liegt unmittelbar am Strand. Der botanische Garten war Jahrzehnte der Sofioter Universität unterstellt. Gleichzeitig verwaltete das Kulturministerium das Schloss und den umliegenden Park. In den Räumlichkeiten des Schlosses findet alljährlich das erfolgreiche internationale Kurzfilmfestival *In The Palace (www.inthepalace.com)* statt. *April–Okt. tgl. 8–20, Nov.–März tgl. 9–17 Uhr | Eintritt 5 Euro, Führung 5 Euro | www.dvoreca.com*

ESSEN & TRINKEN

EL SIMPATICO

Ausgezeichnete Aussichtsterrasse und gute Auswahl an Meeresfrüchten und Fisch, nur wenige Schritte vom Yachthafen entfernt. Abends Live-Auftritte lokaler Bands. Sehr sympathisch! *Primorska 8 | Tel. 0898603840 | el-simpatico.com |* €€

INSIDER TIPP QUEEN'S WINERY HOUSE

Weinverkostung im Schlossgarten von Balčik. 70 000 Flaschen zählt die größte Weinsammlung Bulgariens. Besonders wertvoll sind der älteste Gamza von 1909 und der Eiswein aus der Region Varna. Für Abstinenzler ist das *Cafe Lilia* mit arabischen und indischen Kaffeespezialitäten unterhalb des Weinkellers die Alternative. *Tel. 088 7075268 | www.queenswinehouse.com |* €€€

RESTAURANT STARATA LODKA

Gute Fischerkneipe mit Terrasse direkt am Wasser. Bei schönem Wetter können Sie die Skyline von Albena gut sehen. Die Fischsuppe besteht aus fangfrischen Zutaten und wird mit einer separat servierten scharfen Soße verfeinert. *Primorska 22 | Tel. 088 7998996 |* €

FREIZEIT & SPORT

Am Hafen Balčiks starten Ausflugsboote für Fahrten entlang der Silberküste. *5 Euro/Std., Yachttouren ab 7 Pers.: 2,50 Euro/Pers. u. Std., Tagestour inkl. Baden an einer einsamen Bucht, Fisch- und Weinverkostung: 25 Euro/Pers. | veneratours@abv.bg.*

ÜBERNACHTEN

HOTEL MISTRAL

Haus an der Uferpromenade. Die Zimmer sind gemütlich. Gutes Restaurant mit Terrasse, von der aus Sie aufs Meer blicken. Unbedingt frischen Fisch probieren. Seetüchtigen wird die hoteleigene Yacht vermietet. *34 Zi. | 4 Apts. | Primorska 8 B | Tel. 0579 711 30 | www.hotelmistralbg.com |* €€

REGINA MARIA SPA

Attraktives 4-Sterne-Haus direkt am Meer, neben dem Schloss, mit tollem Ausblick auf beides. Hier werden Spaß und Wellness großgeschrieben mit Sauna, Dampfbad, Eisturm sowie Adventure-Dusche, Schockwellen und Relaxzone. *27 Zi. | 4 Apts. | Damba Sea Alley 3 | Tel. 0579 9 02 66 | reginamariaspa.com |* €€€

AUSKUNFT

TOURISTENINFORMATION

Ploštad 21 Septemvri 6 | Tel. 0579 710 87 | balchik.bg (im Sommer Außenstelle in den alten Kornsilos am Hafen)

ZIEL IN DER UMGEBUNG

TUZLATA (127 E4) (*G6*)

Etwa 6 km östlich von Balčik müssen Sie zum alten *Kurhaus Tuzlata (sbrtuzlata.com | Heilpackung 3 Euro)* fahren – ein bei Bulgaren beliebtes Ausflugsziel. Nehmen Sie sich Zeit und gönnen Sie sich eine Heilschlammeinreibung: 20 Minuten muss die Natur-Fangopackung ziehen, bis Sie sich mit Meereswasser wieder klar spülen (nach Geschlechtern getrennte Bereiche). Danach fühlen Sie sich pudelwohl! INSIDER TIPP Zwei namenlose Kneipen am Eingang servieren leider nur in den Sommermonaten ihren vorzüglichen, frisch gefangenen Schwarzmeerfisch. Wer ohne Auto reist, kann in der Saison auf den Gemeindebus springen, der zwischen Yachthafen und Tuzlata pendelt *(Ticket ca. 1 Euro pro Fahrt)*.

KAVARNA

(127 E4) (*G6*) **Hafen und Strand der geschichtsträchtigen Stadt (11 800 Ew.) liegen in einer Bucht, die von steilen Felsen und dem Meer umrahmt wird.**

Kavarna birgt seltene Schätze und ist ein guter Ausgangspunkt, um die Sehenswürdigkeiten der Region zu erleben. Der südlich des Kap Kaliakra liegende ruhige Ort lädt zum Bummeln ein – am besten vom Stadtzentrum aus am Bächlein in Richtung Meer. Das grüne Tal, benannt nach dem Singvogel Pirol (bulg. *avliga*), wird gesäumt von zwölf Mineralquellen. Einige der antiken Trinkvorrichtungen sind restauriert, auch das alte türkische Bad. Besonders schön ist der gemütliche kleine Hafen mit seinen mittelalterlichen Kornspeichern. Am künstlich angelegten Sandstrand führt eine Leiter ins Meer.

● Haushohe Gemälde von bulgarischen und internationalen Rock- bzw. Heavy-Metal-Stars schmücken die fensterlosen Wände der Plattenbauten der Neustadt – eine kostenlose Galerie. Entstanden sind sie während der Amtszeit des Bürgermeisters Tsonko Tsonev, eines notorischen Hardrockers, der seine Idole zu Konzerten in das Stadtstadion einlud und begeisterte Fans aus ganz Bulgarien zu mehrtägigen Rockevents in seinen Ort trommelte. Seit 2016 ist es wieder still in Kavarna. Die neue Bürgermeisterin ließ den alten Dienstwagen versteigern: Sie war empört über die lustigen Autogramme, welche Alice Cooper, Joey DeMaio und die komplette Deep-Purple-Mannschaft im Innenraum des Peugeots hinterlassen hatten.

SEHENSWERTES

HAMAM

Das türkische Bad aus dem 15. Jh. ist ein liebevoll restaurierter filigraner Kuppelbau, der ein beeindruckendes Bild von der Bäderkultur zu Zeiten des Osmanischen Reichs zeigt: mit halbrund terrassenförmig angelegten Umkleideräumen, ausgeklügelter Heizung und Wasserzufuhr. Leider nur zu besichtigen ... *Mo–Fr 8–12 u. 13–17 Uhr | Eintritt 1,50 Euro | Černomorska 1*

STARI MAGAZINI

Die aus der Zeit der bulgarischen Wiedergeburt stammenden Kornkammern am Hafen sind heute Architekturdenkmäler mit engen gepflasterten Gassen, einigen schicken Cafés und kleinen Shops. Die großen Steinblöcke, aus denen die Lagerhäuser errichtet wurden, stammen von der Festung, die einst auf dem gegenüberliegenden Kap Čirakman stand.

ESSEN & TRINKEN

EL BALCON DEL MUNDO

Gourmetrestaurant mit Loungezone. Feine bulgarisch-klassische Küche mit mediterranen Einflüssen. Vor allem Fisch und Meeresfrüchte kommen hier auf die Teller. Weitere Highlights des Komplexes sind die *Sushi Bar*, das *Bistro Turquoise* sowie die *Totally Romantic Bar* am schier unendlichen langen Pool, wo DJs und Live-Auftritte für Unterhaltung sorgen. *Topolla Village | Tel. 089 8 63 35 24 | short.travel/bus54 |* €€

INSIDER TIPP BALGARKA

In diesem Szenelokal schauten schon bekannte Altrocker von Black Sabbath, Uriah Heep und Deep Purple bis spät nachts nach ihren Konzerten tief ins Glas.

LESEHUNGER & AUGENFUTTER

Apostoloff (2009) – Der bulgarischer Fahrer Rumen Apostoloff bringt zwei schwäbische Schwestern nach Bulgarien, u. a. nach Varna und Nesebăr, wo sie bärbeißig die eine, liebenswürdig die andere, auf den Spuren ihres toten Vaters wandeln. Das mit dem Preis für Belletristik der Leipziger Buchmesse ausgezeichnete Werk von Sibylle Lewitscharoff versucht, mit viel schwarzem Humor die unterschiedlichen Welten miteinander zu versöhnen

Sneakers (2011) – Der für den Oscar nominierte Gegenwartsstreifen der bulgarischen Regisseure Ivan Vladimirov und Valeri Yordanov erzählt die Geschichte von sechs jungen Menschen, die von Familie, urbaner Aggressivität und Problemen mit den üblichen Verdächtigen (Geld und Liebe) fliehen. Jeder von ihnen sucht sein individuelles Plätzchen, wo er sein kann, wie er ist, und findet es – an einer ruhigen Bucht am Schwarzen Meer

Bucht bei Kavarna: Hier will nur weg, wer Idylle nicht mag

Ganzjährig geöffnet. *Am Meeresufer | Tel. 0570 8 70 10 | short.travel/bus37* | €

ÜBERNACHTEN

HOTEL CENTRAL PARK

Mitten im satten Grün des Stadtparks liegt das preisgünstige Cityhotel, mit gemütlichem Innengarten. Der ca. 2 km lange Weg zum Strand führt Sie vorbei an den für die Stadt typischen antiken in Stein gefassten Wasserquellen. *14 Zi. | Mladost 5 B | Tel. 089 4 69 89 86 | short.travel/bus38* | €

HOTEL DENITZA

Haus mit Wohlfühlcharakter: Helle Zimmer und der mit heilendem Mineralwasser gefüllte Pool bietet einen tollen Blick auf das Meer. 2 km vom Strand. *44 Zi. | 1 Apt. | Itankălăka | Tel. 0570 8 80 03* | €

HOTEL MONACO

Moderne Architektur, an den Steinfelsen gegenüber dem städtischen Strand. Großzügige Zimmerbalkons mit Meerblick. *24 Zi. | 12 Apts. | Prostor 24 | Tel. 0570 8 21 30* | €€

AUSKUNFT

Im Zentrum des Dorfes Bălgarevo gibt es eine Auskunftsstelle, die mit Informationen zu Geschichte, Flora und Fauna auf Kap Kaliakra und der Region weiterhilft. Broschüren auch auf Deutsch. *Tel. 05744 3 44 24* |

ZIELE IN DER UMGEBUNG

DURANKULAK-SEE (127 F3) (*G5*)

Genug von all den anderen Touristen? Im hohen Norden der Bulgarischen Schwarzmeerküste gibt es bis jetzt kaum Spuren vom Massentourismus. Knapp 6 km trennen das landwirtschaftlich geprägte Dorf Durankulak von der bulgarisch-rumänischen Grenze. Besonderer Anziehungspunkt ist hier das Naturschutzgebiet rund um den gleichnamigen See, das 446 ha große *Durankulaško ežero*. Der fischreiche Durankulak-See, etwas außerhalb des Dorfs, ist Lebensraum des Wildkarpfens und wird von unterirdischen Quellen gespeist. Ein Sandstreifen trennt ihn vom Meer. Hier haben Sie garantiert Ihre Ruhe. *37 km*

Denkmal: wo 40 Mädchen vom Kap sprangen

JAILATA ★ (127 F4) *(G5–6)*
Südlich von Kamen brjag beginnt eine märchenhaft bizarre Gegend, die ohne Weiteres dem Romanzyklus „Herr der Ringe" entstammen könnte. Das recht schwer zugängliche Gebiet ist die Heimat seltener Pflanzen. Vom Wasser aus sind in den Felsen zahlreiche Höhlen auszumachen, die angeblich alte Piratenschätze beherbergen. Archäologen entdeckten hier 4000 Jahre alte thrakische Gräber. Die Eingänge zu den Grabkammern sind ebenso gut zu erkennen wie ein Altar, auf dem einst Tiere geopfert wurden. Inschriften und Kreuze zeugen von der sakralen Bedeutung des Orts. Weiter nördlich liegen die Reste einer Festung aus dem 5. Jh. Das archäologische Areal ist ganzjährig zugänglich. *Eintritt 2 Euro | kamenbryag.info/en/yailata-2. 17 km*

KAMEN BRJAG (127 F4) *(G6)*
„Steinerne Küste" bedeutet der Name dieses stillen, romantischen, kaum hundert Einwohner zählenden Dorfs, das ca. 18 km östlich von Kavarna liegt. Zahlreiche Höhlen, Kliffe, Uferböschungen, Buchten sowie Felsformationen vor der Meereskulisse verführen geradezu zum Wandern. Der Ort ist vom touristischen Trubel bisher verschont geblieben *(kamenbryag.info/en)*.
In Kamen brjag fühlen Sie sich bisweilen in die jüngere Vergangenheit versetzt: Hier lebt die Hippie-Ära wieder auf, veranstalten Blumenkinder sporadisch Happenings, zelten und feiern. ● Rockbands spielen umsonst – vor allem um den 1. Juli herum, zum großen July-Morning-Fest.

KRAPEC (127 F3) *(G5)*
Krapec (380 Ew.) hat einen schmalen Sandstrand unterhalb 4 m hoher Lössfelsen. Einige Kilometer südlich wird der

Strand breiter, es bilden sich Dünen, die weit ins Festland reichen. Sehenswert ist der dahinter liegende Süßwassersee *Eserecko*. Infos unter *www.krapets.com*. Das *Hotel Janitsa (21 Zi. | 2 Apts. | Tel. 05749 23 24 | www.yanitza-hotels.com | €€)* mit Pool und Restaurant gehört einem der wohl besten Landwirte der Region. Interessierten zeigt Dimitar Katrandžiev seinen alten Gutshof. Luxuriöse Unterkunft bietet die im Stil einer kommunistischen Residenz gebaute INSIDER TIPP *Villa Kibela (Tel. 088 8 88 02 81 | www.villakibela.com | €€€)*. *33 km*

NOS KALIAKRA (KAP KALIAKRA) ★

(127 F4–5) (*G6*)

Südöstlich von Kavarna liegt das sagenumwobene Kap Kaliakra. 70 m hoch sind die senkrecht ins Meer abfallenden Felsen. Das steinerne Gebilde ist das längste Kap Bulgariens. Der harte Kalkstein wird z. T. von purpurroten Gesteinsschichten durchzogen, die ihm vor allem im Sonnenlicht eine besondere Schönheit verleihen. In Richtung Kavarna werden die Felsen poröser und heller. Beim Dorf Bălgarevo entlang der Straße nach Kavarna sind sie schließlich kreideweiß und prägen den Namen des *Srebăren brjag* – Silberstrand. Einst stand eine Festung auf dem Kap, in der Tausende Bulgaren vergeblich Schutz vor den Osmanen suchten. Heute gibt es hier nur noch Ruinen. Das Denkmal der toten Mädchen, deren Zöpfe miteinander verflochten sind, erinnert an den Widerstand junger Bulgarinnen. Von der kleinen *Kapelle* am Ende des Kaps eröffnet sich eine phantastische Aussicht. Das 535 ha große Areal rund um das Kap ist heute geschütztes archäologisches Reservat *(tgl. 9–20 Uhr | Eintritt 1,50 Euro)*. Frühmorgens oder abends sind mit etwas Glück und bei ruhiger See vom Kap aus Delphine zu beobachten. Im *Restaurant Nos Kaliakra (Tel. 088 9 77 79 98 | €€)* sitzen Sie mit Blick auf Küste und Meer. *12 km*

NOS ŠABLA (KAP ŠABLA)

(127 F4) (*G5*)

Der Felsen Kap Šabla ist der östlichste Punkt Bulgariens. Ihn krönt der älteste Leuchtturm an der gesamten Schwarzmeerküste. Bei Tjulenovo bildet sich eine kleine Bucht, von den Ortsansässigen als Strand genutzt. Sehenswert sind die vom Meereswasser gebildeten Höhlen, in denen einst Robben lebten. In Tjulenovo

JULY MORNING

Dschulaja ist das traditionellste unter den informellen Festen im Balkanland. In Anlehnung an die westliche Hippie-Bewegung in den 1980er-Jahren entstanden, wird es vor allem in Kamen brjag zelebriert. In der Nacht zum 1. Juli trifft man sich am felsigen Ufer an der kleinen natürlichen Erdgasflamme, um auf den Sonnenaufgang zu warten – begleitet von live gespielter Rockmusik und spontanen Tanzeinlagen. Weitab von religiösen Ritualen soll dieses Erlebnis die Seele reinigen und die Menschen zu guten Taten anspornen. Der Brauch galt als Protest gegen den uniformierten Sozialismus und das kommunistische Regime. Heutzutage ist der July Morning die gelungene Flucht aus dem urbanen Alltag und sympathischer Ausdruck der Hippie-Kultur.

selbst markiert eine Pyramide die Stelle, wo am 31. Mai 1951 nach Bohrarbeiten das erste bulgarische Erdöl sprudelte. Die Kneipe *Pri Baj Pešo (Tel. 088 8 22 17 71 | €)* liegt gleich hinter dem alten Leuchtturm von Šabla. Sie gilt mit Recht als die geografisch östlichste Kneipe Bulgariens. Der weißbärtige Inhaber Baj Pešo ist lokale Persönlichkeit und aktiver Fischer, der jede Nacht auf Fang geht. *24 km*

Club Russalka – wo das Abschleppen ein Wassersport ist

INSIDER TIPP RESTAURANT DĂLBOKA
(127 F4) (*Ⓜ G6*)

Auf halbem Weg zwischen Bălgarevo und Kavarna liegt östlich die Abzweigung zur Bucht Dălboka eine der ältesten nach der politischen Wende durch EU-Hilfe errichteten Muschelfarmen. Im Restaurant wird die Spezialität in überraschenden Variationen serviert: als Salat, paniert, geräuchert, am Spieß, mit Hartkäse gefüllt, als Frikadelle, in Weinblättern und als Dessert mit Apfelmus. Reservieren und Zeit mitbringen, da alles frisch zubereitet wird *(Tel. 088 5 13 54 62 | www.dalboka.bg | €€€)*. Achtung: Unter der Adresse *www.dalboka.eu* wird gleich nebenan ziemlich dreist das Modell des eigentlichen Unternehmens kopiert. *7 km*

TAUKLIMAN ★ (127 F4) (*Ⓜ G6*)

Das Naturschutzgebiet Taukliman (Vogelbucht), Anziehungspunkt der Zugvögel auf der Via Pontica, entstand durch einen Erdrutsch, der das Plateau in mehrere Terrassen verformte, in die das Meer wiederum kleine Buchten schnitt. Direkt am Wasser schimmert ein kleiner See, der von den Wellen mit Salzwasser versorgt wird. Rote und gelbe Algen verfärben das Becken mit seinem Heilschlamm. Drumherum wachsen Walnussbäume, wilde Birnen, Kirschen, verwilderte Reben. Herrlich!

Mitten in dieser außergewöhnlichen Landschaft südlich von Kamen brjag gelang es dem französischen Club Mediterrané noch während des Kommunismus, die All-inclusive-Anlage *Russalka* einzurichten. Die Ferienanlage ist heute offen für individuelle Besucher und bietet Mountainbikeverleih, Tennisplätze, Yachtclub, Segel- und Wasserskikurse. Es gibt ein Spa-Center mit Schlammbehandlungen und Mineralwasser aus eigener Quelle. Die Tauchschule profitiert vom kristallklaren Meerwasser und dem felsigen Ufergrund, an dem einst viele Schiffe kenterten. Viele Urlauber schätzen besonders die abgeschiedene Lage *(rusalkaresort.bg)*. *15 km*

SVETI KONSTANTIN I ELENA

(127 D5) (🕮 F7) ***Družba* – Freundschaft hieß der beliebte Badeort nördlich von Varna zu sozialistischen Zeiten.**

Er war der erste internationale Kurort in Bulgarien. Ursprünglich ein Sanatorium für Tuberkulosepatienten, baute man Družba schon ab 1946 zum Seebad aus. Seit 1993 trägt der Ort den Namen des Klosters der Heiligen (Konstantin und Elena), das hier früher stand. Zu sehen ist noch die kleine *Kapelle*, unter deren Altar eine Mineralquelle sprudelt. Im 1977 erricheten Grand Hotel Varna oder im Internationalen Heim der Journalisten können Sie sich mit originellen Behandlungen wie Zwiebelumschlägen im Perlbad verwöhnen lassen. Im Süden liegt die Ferienanlage Saint Elias. Nördlich kommen Sie zum ruhigen Erholungskomplex Sunny Day, einer der früheren Urlaubssiedlungen der kommunistischen Politchefs. Noch heute findet sich hier bulgarische Prominenz zur Sommerfrische ein.

ESSEN & TRINKEN

VILLA MARE

Bulgarische und russische Küchenklassiker im edlen Ambiente, reichhaltige Weinliste. Hübscher Garten für das Dinner im Freien. Mit etwas Glück serviert Chefkoch Ruslan Gardev persönlich. *Zwischen E 87 und Meer | Tel. 088 755 15 51 | short.travel/bus39 |* €€€

FREIZEIT & SPORT

INSIDER TIPP AQUA HOUSE

Wellnesstherapie im Mineralbad oder doch lieber im salzigen Meereswasser? Hier gibt's beides und zwar ganzjährig. Der neue, groß angelegte Spa-Tempel vereint das Beste aus beiden Wasserwelten: Relax, Beach & Sport. Highlight ist die für den individuellen Gebrauch ausgestattete Executive Lounge. Das Restaurant bietet vegetarische und vegane Küche, die Frischebar mixt exotische Smoothies und presst jede Art von Obst und Gemüse zu vitaminreichen Säften. *Tgl. 8.30–20.30 Uhr | Eintritt 3 Euro bis 3 Std., Tageskarte Mo–Fr 8, Sa, So 11 Euro | Tel. 052 81 28 12 | aqua house.bg*

AM ABEND

Die Jüngeren weichen in die angesagten Tanzclubs am Goldstrand aus, andere Besucher finden ein ruhigeres, reichhaltiges Angebot im *Grand Hotel Varna*: von klassischen Konzerten über Varieté bis hin zum Spielkasino.

ÜBERNACHTEN

HOTEL DOLPHIN MARINA

Das 4-Sterne-Hotel hat seine Rezeption auf dem Dach. Mit dem Fahrstuhl geht es hinunter zu den ☀ Zimmern mit

Meeresblick. Endstation ist der künstlich angelegte Strand mit Pool und Yachthafen. *210 Zi. | Tel. 052 36 10 89 | www.grandhotelvarna.com* | €€

GRAND HOTEL VARNA

Das protzige Betongebäude wurde in den 1970er-Jahren von schwedischen Firmen gebaut und galt vor der Wende als das Flaggschiff der Küste. Noch heute wird es schlicht „der Schwede" genannt. Das 5-Sterne-Haus ist im Zenstil renoviert. Ganzjährig ausgezeichnete Wasserkur- und Wellnessmöglichkeiten. Sehr romantisch: die INSIDER TIPP Gartenseparées, in denen man unter einem Baldachin am Pool relaxt. *328 Zi. | 35 Apts. | Tel. 052 36 10 89 | www.grandhotelvarna.com* | €€€

SUNNY DAY

Die frühere Ferienanlage für Regierungsmitglieder ist heute für jedermann offen und besteht aus den 3- bis 5-Sterne-Hotels *Marina (171 Zi | 16 Apts.)*, *Mirage (126 Zi | 56 Apts.)*, *Palace (112 Zi | 33 Apts.)* und *Veronika (86 Zi | 19 Apts.)* mit Hallenbad und Sportplätzen. *Tel. 052 36 19 71 | www.sunnydaybg.com* | €€–€€€

VARNA

KARTE IM HINTEREN UMSCHLAG
(127 D5) *(F7)* **Varna liegt auf derselben geografischen Breite wie Monaco, Cannes und Nizza und verführt mit demselben mediterranen Flair.**

Sie spüren es auf Schritt und Tritt: Beim Bummel durch die verkehrsberuhigten Einkaufsstraßen im Zentrum, am FKK-Strand am Kap Galata oder beim alljährliche Festival Varnaer Sommer mit klassischer Musik. Die größte bulgarische Hafenstadt (335 000 Ew.) wird zu Recht als die Metropole der bulgarischen Küste bezeichnet. Viele Jugendstilhäuser zeugen vom einstigen Wohlstand des Bürgertums. Heute sind sie größtenteils reprivatisiert und liebevoll restauriert. Die Kathedrale ist Wahrzeichen der Stadt. Wie ein antikes Theater auf mehreren Felsterrassen gelegen, erstreckt sich Varna auf beiden Seiten der gleichnamigen Bucht. Im Hinterland liegen der Varna- und der Beloslavsko-See, die über ein Kanalsystem untereinander und mit dem Meer verbunden sind. Das gute Klima zieht das ganze Jahr über Urlauber an.

> CITY **WOHIN ZUERST?**
> **Festival- und Kongresszentrum (U E4) *(e4)*:** Hier sind Sie mittendrin. Über den Boulevard Slivnica gelangen Sie zum berühmten Goldschatz des Archäologischen Museums. In entgegengesetzter Richtung geht es direkt in den Meeresgarten. Parken Sie in der Blauen Zone um das Kongresszentrum *(0,60 Euro/Std.)*. Bus Nr. 20 hält am Kongresszentrum und am Bahnhof *(einfache Fahrt 0,50 Euro)*.

SEHENSWERTES

ARCHEOLOGIČESKI MUZEJ (ARCHÄOLOGISCHES MUSEUM) ★

(U D4) *(d4)*

Gold war schon immer faszinierend und Varna hortet den ältesten Schmuck aus dem Edelmetall, der bisher auf dieser Welt gefunden wurde. Im zentral gelegenen schmucken Neorenaissancepalast wird die spannende Geschichte der westlichen Schwarzmeerregion erzählt: von der Steinzeit über Thraker, Römer und Griechen bis in die Moderne. Letztere wird durch vielfältige und beeindruckende Funde visualisiert, wobei die (interaktive) Museumsdidaktik leider noch stark der sozialistischen Stilistik verhaftet ist. Unabhängig davon sind die historischen Artefakte durchaus sehenswert: vor allem die insgesamt fünf Kilogramm schweren Ringe, Ketten, Broschen und Armreifen aus purem Gold, die Archäologen in den 1970er-Jahren am Nordufer des Varnaer Sees fanden. Mehr als 3000 Goldgegenstände lagen dort fast sieben Jahrtausende unversehrt in einer Nekropole der Jungsteinzeit. Der außergewöhnliche Fund bezeugt, dass schon viel, viel früher als gedacht eine hoch entwickelte Zivilisation die Küste Bulgariens zu schätzen wusste. Sonderausstellungen ergänzen das Museumsangebot und Konzerte im Museumsgarten bringen Sie wieder in die genussreiche Urlaubsgegenwart zurück. *Im Sommer tgl., im Winter Di–Sa 10–17 Uhr | Eintritt 5 Euro, Führung auf Deutsch 15 Euro | Maria Luiza 41/Ecke Antim I | www.archaeo.museumvarna.com*

KATEDRALEN HRAM SVETO USPENIE BOGORODIČNO (KATHEDRALE MARIÄ HIMMELFAHRT) ● (U C4) *(c4)*

Vor allem am Wochenende stehen hier an der Kathedrale junge Brautpaare in ihren mit Blumen geschmückten Luxuslimousinen Schlange: Varnas berühmteste Kirche ist die zweitgrößte Bulgariens und beliebter Austragungsort für die orthodoxe Trauung, die immer mehr Bulgaren neben der Pflichtkür im Standesamt im großen Familien- und Freundeskreis zelebrieren. Die Zahl der teilnehmenden Gäste ist groß – selten kommen unter hundert, die dem Brautpaar zujubeln. Stellen Sie sich doch einfach dazu: Unbekannte Zuschauer sind willkommen und Ihnen wird garantiert etwas geboten: Der Priester setzt dem Paar Blumenkränze oder goldglänzende Kronen auf. Das Paar läuft drei Mal um einen Tisch mit Bibel, Kerze und Weinglas. Der Schluck Rotwein aus dem gemeinsamen Glas sowie der begleitende

Archäologisches Museum Varna: Moderne und Frühgeschichte beim Tête-à-Tête

Bissen vom selbst gebackenen Weißbrot der Brautleute symbolisieren Freude und Schmerz, welche die Partner von nun an teilen. Der Kirchenchor setzt ein, und die Glocken der Kathedrale verbreiten die frohe Kunde über die Dächer der Stadt. 133 Stufen führen zum *Glockenturm*, das ist zu schaffen. Die Aussicht über die Stadt ist grandios. Die Kirche wurde 1886 nach Plänen eines russischen Architekten im neobyzantinischen Stil errichtet. Neben den Hochzeitszeremonien sind die gut erhaltenden Holzschnitzereien zu bewundern sowie die orthodoxen Ikonen, viele von ihnen Geschenke des russischen Königshauses. Vor allem zu Ostern und am 15. August, Mariä Himmelfahrt, sowie zum Stadtfest von Varna, wird es schwierig hier einen freien Platz zu finden. Auch im Dunklen ist das Wahrzeichen der Schwarzmeermetropole ein echter Blickfang. *Tgl. 8–18 Uhr | Ploschtad Sveti Sveti Kiril i Metodij 2*

MORSKA GRADINA (MEERESGARTEN)

(U E–F 3–5) (*e–f 3–5*)

Eine Entspannungsoase mitten in der Stadt, die grüne Lunge Varnas. Im Meeresgarten wachsen die für die Krimregion und den Kaukasus typischen Zypressen. Auf dem 80 ha großen Parkgelände befinden sich *Aquarium, Delphinarium, Marinemuseum, Freilichttheater* sowie das *Nikolaus-Kopernikus-Planetarium*. Inmitten des Blumenmeers bleiben Sie hier unwillkürlich hängen, denn an den zahlreichen Cafés und Restaurants kommen Sie einfach nicht vorbei, ohne Halt zum Schlemmen zu machen.

Mächtiges Symbol: Kathedrale Mariä Himmelfahrt – wenn Glaube und Alltag zueinanderfinden

MUZEJ NA VĂZRAŽDANETO (WIEDERGEBURTSMUSEUM)

(U C5) (*c5*)

Das kleine, mit feinkörnigem Sand vom Schwarzmeerstrand gefüllte Kästchen, durfte einst auf keiner Schulbank fehlen: mit einem Holzstift oder mit dem

Finger schrieben die Kinder Buchstaben und Ziffern in den Sand, mit nur einer Handbewegung war die Fläche wieder glatt und eventuelle Fehler einfach weggewischt – wie praktisch. Diese und andere pfiffige Lehrmittel hortet die ehemalige erste weltliche Schule Bulgariens. Ferner erfährt der Besucher Ungeahntes von der Aufbruchstimmung ab Mitte des 19. Jhs., das geprägt war von den Auseinandersetzungen zwischen den einheimischen Bulgaren und den osmanischen Besatzern. Das Museumsgebäude ist ein klassisches Wiedergeburtshaus mit blumenreichem Innenhof: Er veranschaulicht, wie sich betuchtere Familien damals von der Außenwelt abschotteten und einem Lebensstil nach westeuropäischen Vorbildern nacheiferten. *Mo–Sa 10–17 Uhr | Eintritt 1,50 Euro | L. Zamenhof 21 | revival.museumvarna.com*

MUZEJ ZA ISTORIA NA MEDICINATA (MUSEUM DER GESCHICHTE DER MEDIZIN) (U E5) (*e5*)

100-jährige Kondome! Und diese uralten Zangen, mit denen wunde, eiternde Zähne gezogen wurden ... Das erste homöopathische Behandlungsset Bulgariens aus dem 19. Jh. ist hier auch ausgestellt: Die Sammlung an medizinischem Gerät ist einzigartig auf dem Balkan und vergleicht auf spannende Weise unter geschichtlichen Aspekten die Heilung menschlicher Leiden auf der ganzen Welt. Auch der bulgarischen Kräuterheilkunde wird gebührend Aufmerksamkeit geschenkt. Vor allem um den 24. Juni herum gibt's hier Sonderschauen und Events: An diesem Tag feiert die orthodoxe Kirche die Geburt Johannes des Täufers und die frisch gepflückten Kräuter entfalten nach dem Volksglauben ihre volle Wirkungskraft auf Körper und Geist – wohl bekommt's. *Mo–Fr 8.30–16.30 Uhr | Eintritt 1 Euro | Paraskeva Nikolau 7*

RIMSKI TERMI (RÖMISCHE THERMEN)

★ (U D5) (*d5*)

Das antike Wellnesscenter wurde im 2. Jh. unter Kaiser Hadrian erbaut und ist das drittgrößte in Europa. Varna gehörte damals zum Römischen Reich und zog mit seinem milden Klima und den heilenden Mineralquellen wohlhabende Römer zum Relaxen an die bulgarische Küste. Die Ruinen der 7000 m² großen Badeanstalt gewähren einen lebendigen Einblick in die römische Badekultur, die sich kaum von heutigen Fitnesscentern unterscheidet. Der Eingangshalle schlossen sich Umkleiden an, im Fitnessraum gab es Sport und Spiel. Durch ein 30 m langes Kältebecken gelangten die Badenden über das Warmbecken zum Heißwasserbecken. Die Schwitzräume waren die Vorläufer der Sauna. Anschließend konnten die Besucher eine Pause im Ruhesaal einlegen. Die Toiletten hatten frische Wasserzufuhr. Über ein bis heute gut erhaltenes, 270 m langes Kanalisationssystem wurde das verbrauchte Wasser direkt ins Meer geleitet. *Di–So 10–17 Uhr | Eintritt 2 Euro | 2 San Stefano/Ecke Han Krum*

ESSEN & TRINKEN

IL CENTRO (U C4) (*c4*)

Wenn Lunch oder Dinner schnell, aber schmackhaft über die Bühne gehen müssen. Hausgemachte italienische Küche und bulgarische Klassiker im modernen Ambiente und in günstiger Citylage. Auch preislich ein Schnäppchen. *Bratia Škorpil 26 | Tel. 087 6140081 | short.travel/bus46 | €*

INSIDER TIPP KLUB NA DOKERA

(U E6) (*e6*)

Hochwertige Erholung ist die Garantie für höchste Arbeitsleistungen, so das Motto des angesagten Clubs des Dockarbeiters.

Neben leckerem Fleisch vom Balkangrill ist hier die Vorspeise *baba ganuš* zu empfehlen: eine würzige Paste aus Aubergine und Sesam. *Port Varna | Tel. 088 7005007 | facebook.com/dockersclub |* €€

LA PASTARIA (U C4) (*🕮 c4*)
Kultige und ausgesprochen qualitätsbewusste Kette, die sich der italienischen Küche verschrieben hat. Die Atmosphäre ist angenehm, der Service freundlich. Tolle Locations an unterschiedlichen Orten – im Zentrum der Stadt und im Picadilly Park Shopping Centrum. *Zentrum: Dragoman 45 | Tel. 089 6779935 | Picadilly: Tel. 089 7938733 | www.lapastaria.net |* €–€€

STARIAT ČINAR (U E6) (*🕮 e6*)
Eine mehr als 1000 Jahre alte Platane, der mit Abstand älteste Baum in Varna, ist Namensgeber der angesagten Restaurantkette. Empfehlenswert ist die Location am Hafen mit der mediterran angehauchten Atmosphäre vor allem wegen der gemütlichen Terrasse, von der Sie das weite Meer und den Alltag um die vor Anker liegenden Schiffe verfolgen können, ganzkörperlich eingetaucht in der salzigen Brise und dem Aroma von frischem Seetang. Die Vorspeise aus gebackenem Kürbis, Schimmelkäse und Paradiesapfel, die Quinoa-Buletten und das Tagesangebot an fangfrischem Fisch sollten Sie sich hier nicht entgehen lassen. *Port Varna | Tel. 0879549494 | stariachinar.com/portvarna |* €€€

EINKAUFEN

GRAND MALL VARNA
(U A1/2) (*🕮 a1/2*)
Shops, Restaurants und Kino unter einem Dach mit ausreichend Parkplätzen nach US-amerikanischem Vorbild. In Varna aber fast schon im Stadtzentrum. *Tgl. 10–21 Uhr | Andrey Saharov 2 | grandmall-varna.com*

MARKT (U C4) (*🕮 c4*)
Hier verkaufen Omis Blumen und Opis Tomaten aus dem eigenen Garten. Regelrecht Berge von Wassermelonen laden zum Klopfen ein: Je hohler sie klingen, desto süßer sollen sie sein. Spitzen sie die Ohren und versuchen Sie Ihr (Melonen-)Glück. *Tgl. 8–20 Uhr | Fußgängerzone zwischen Oper, Theater und Uhrturm | pazarivarna.com*

STRÄNDE

Wer in Varna wohnt, nutzt den langen Sandstrand gleich hinter dem *Meerespark* (U F4) (*🕮 f4*). Am *Delphinarium* (O) (*🕮 O*) zieht eine große Wasserrutsche die Kinder an. Die FKK-Anhänger treffen sich am Strand des *Kap Galata* (O) (*🕮 O*) im Süden der Stadt.

AM ABEND

THE CULT CLUB (U E4) (*e4*)

Was trinken Sie? Wasser! Und etwas Härteres? Eis! Varnas Top-Čalga-Club führt natürlich auch Hochprozentiges, doch der Grund für die ausgelassene Stimmung verbirgt sich hinter Mischpult und Mikro. Angesagte DJs und nationale Superstars präsentieren die Hits der bulgarischen Pop-Folk-Szene. Auch wenn Sie die Sprache, geschweige denn die Wortspiele in den oft absurden Texten nicht verstehen, wird der wilde Ethno-Rhythmus auch Sie auf die Tanzfläche befördern und nicht mehr loslassen. Egal, ob Sie nur bei Wasser mit Eis bleiben. *Di–So bis morgens | Tsar Osvoboditel 76 | Tel. 088 911 02 02| short.travel/bus40 |* €€€

FESTIVAL- UND KONGRESSZENTRUM (U E4) (*e4*)

Das wichtigste kulturelle Zentrum Varnas ist dem berühmten Festivalpalais von Cannes an der französischen Côte d'Azur nachempfunden. Hier wird alljährlich das beliebte Filmfestival *Love Is Folly* veranstaltet. Ansonsten finden in den elf unterschiedlich großen Sälen täglich Konzerte, Filmvorführungen und Seminare statt. Sie finden hier außerdem ein Restaurant und eine Cafébar. *Tgl. 11–24 Uhr | bul. Slivniza 2 | am Haupteingang des Meeresgartens | Tel. 052 68 50 00 | Tel. Tickets 052 68 52 14 | fccvarna.bg |* €

KINO (U C4) (*c4*)

Wollen Sie abends mal nicht am Strand in den Sonnenuntergang, sondern einen Blockbuster gucken? Ausländische Filme laufen mit Untertiteln, sodass der Originalton stets gut zu verstehen ist und Sie der Handlung folgen können. So kommen auch Unkundige der bulgarischen Sprache in den Kinogenuss. *Kino Arena | Vladislav Varnentschik 186 | Andrej Sacharov 2 (A1) | www.kinoarena.com*

Sie wollen heute Abend selbst kochen? Der Markt von Varna gibt Inspiration

OPER UND PHILHARMONIE

(U C4) (*c4*)

Nicht nur zum internationalen Klassikfestival *Varnaer Sommer* ist das Opernhaus der Küstenmetropole eine gute Adresse. Gespielt werden internationale klassische Werke sowie zeitgenössische bulgarische Musik. *Eintritt 5–15 Euro | Ploštad Nezavisimost 1 | Tel. 052 66 50 22 | www.operavarna.bg |*

PALAST FÜR KULTUR UND SPORT

(U F3) (*f3*)

Einer für alles: Billardtempel, Varieté, Sporthalle für 5000 Zuschauer sowie Austragungsort vieler lokaler Messen, am nördlichen Teil des Meeresparks gelegen. Abends Tanzclub. Hier ist eigentlich immer was los. *bul. Knjaz Boris 115 | Tel. 052 61 23 40 | palaceofvarna.com*

INSIDER TIPP SHISHI ASIAN FOOD & BAR

(U E4) (*e4*)

Livemusik, getaucht in pikante Balkangewürze, umgeben von mystischen fernöstlichen Düften, begleitet von exotischen Getränken. Küchenchef Petar Mihalchev gilt als bester Sushi-Meister der Nordküste. Der einzigartige Blick auf Strand und Meer beflügelt und entspannt die Sinne. Ob mit oder ohne Begleitung des verlockenden Arsenals an Wasserpfeifen, bestückt mit edlen hausgemachten Aromen – Sie erleben hier einen völlig legalen Sinnesrausch. *Tgl. 12–2 Uhr | Aleya Părva | Tel. 089 3 34 34 35 | facebook.com/ShishiAsianFood | €€€*

ÜBERNACHTEN

GRAFFIT GALLERY HOTEL

(U E4) (*e4*)

Für seine moderne Architektur wurde das Haus bereits mit dem höchsten Preis des Landes ausgezeichnet. Ein perfektes Spa-Angebot, gepaart mit einer der avantgardistischen Galerien von Varna und dem extrovertierten Restaurant *Red Canapé* mit Starkochbesetzung machen den Aufenthalt angenehm. *55 Zi. |*

Oper Varna: Tragische Musik braucht eine imposante Bühne

Knjaz Boris 65 | Tel. 052 98 99 00 | www.graffithotel.com | €€

INSIDER TIPP **MODUS HOTEL**
(U E4) (*e4*)
Das moderne Stadthotel liegt gegenüber dem Meeresgarten. Im Haus wird Ökologie großgeschrieben. Genutzt wird ausschließlich recyceltes Papier, die Badkosmetik besteht zu hundert Prozent aus natürlichem Material und die moderne Beleuchtung rettet jährlich mehreren Bäumen das Leben. Wenn Sie Gast sind: Nutzen Sie das Angebot, Fahrräder auszuleihen. *29 Zi. | 8 Apts. | Stefan Stambolov 46 | Tel. 052 66 09 10 | www.modushotel.com | €€*

HOTEL PALITRA (U A4) (*a4*)
Wenn Sie's ruhig haben möchten und gleichzeitig mittendrin sein wollen: Das Haus steht unweit der Kathedrale. Fragen sie nach dem **INSIDER TIPP** Hauswein des Hotelbesitzers. *13 Zi. | 2 Apts. | Konstantin Doganov 11 | Tel. 052 61 00 55 | www.hotelpalitra.eu | €*

HOTEL PANORAMA (U D6) (*d6*)
Noch vor dem morgendlichen Zähneputzen den mit Abstand komfortabelsten Blick auf den Golf von Varna und den Meeresgarten der Metropole genießen. Das Hotel hält, was sein Name verspricht. Unmittelbar an der Uferpromenade Primorski liegt Ihnen das Meer buchstäblich zu Füßen. Bis zum Strand, dem einzigen Mineralschwimmbad der Stadt oder in die City zum Shoppen müssen Sie nur wenige Schritte tun. *48 Zi. | 9 Apts. | Primorski 31 | Tel. 052 68 73 00 | www.panoramabg.com | €€€*

AUSKUNFT

Zugverkehr: im ältesten Bahnhofsgebäude Bulgariens *(Ploschtad Penčo Slavejkov 1 | Tel. 052 63 04 44)*; Flughafen *(9 km westlich vom Zentrum | Tel. 052 57 32 32 | www.varna-airport.com)*; Hafen: Infos zu Fähren und Ausflugsschiffen *(Tel. 052 69 22 32 | www.port-varna.bg)*

ZIELE IN DER UMGEBUNG

DELTA DES KAMČIJA ★
(127 D6) (*F7*)
Der bulgarische Dschungel ist eines der schönsten Gebiete der gesamten Schwarzmeerküste. Hier mündet der Fluss Kamčija ins Schwarze Meer. Das 4500 ha große Delta, durchzogen von mehreren Seitenarmen, lässt sich am besten per Boot erkunden. Der Fluss entspringt im mittleren Balkangebirge und zählt zu den längsten Bulgariens. 3 km vom Meeresufer beginnt der einem Urwald gleichende Park Longosa, durch den langsam das trübe Wasser der Kamčija fließt. Die von den Wellen immer wieder angehäuften Sandbänke trugen dazu bei, dass sich vor der Mündung ein größeres Becken aus Flusswasser bildete. Dieser Liman genannte See ist reich an wichtigen Nährstoffen für die Pflanzenwelt.
Beiderseits der Mündung erstrecken sich kilometerlange Strände, die gesäumt sind von Dünen und dichtem Wald. Dank des 1951 geschaffenen Unesco-Biosphärenreservats Kamčija wird der natürliche Reichtum dieser Gegend entsprechend geschützt. Besonderer Fürsorge erfreuen sich Eschen-, Ulmen- und Eichenwälder, alle möglichen Arten von Schlingpflanzen und vor allem die wunderschönen weißen, roten und gelben Seerosen. Sechs Arten von Baumlianen wachsen am Delta des Kamčija. 23 vom Aussterben bedrohte Fischarten sowie Wasserschildkröten haben hier ihren Lebensraum. Das Delta ist darüber hinaus Brutstätte für Buntspechte.

Am Ende der Straße liegt die Bootsanlegestelle, von der aus Besucher Touren ins Delta unternehmen können. Die etwa 40-minütige Fahrt führt flussaufwärts an einem Fischerdorf vorbei und auf dem Rückweg bis zur eigentlichen Mündung des Kamčija ins Meer. Auskunft über die nächste Fahrt erhalten Sie in der kleinen *Kneipe* an der Anlegestelle, die fangfrische Ware anbietet. Die Fischer aus dem Dorf fahren Sie dann mit einem ihrer Boote durch die beeindruckende Landschaft (Preis pro Person ca. 5 Euro). Ferngläser nicht vergessen!

INSIDER TIPP DVOREC EVSINOGRAD (SCHLOSS EUXINOGRAD)

(127 D5) (*F7*)

Das einzige echte und vollständig erhaltene bulgarische Schloss sollten Sie sich nicht entgehen lassen. Die heutige Regierungsresidenz wurde im Jahr 1886 inmitten eines schönen Parks als Sommerdomizil des ersten bulgarischen Fürsten Alexander von Battenberg gebaut. Staats- und Parteichef Todor Živkov lud gern Prominente in das von der Neorenaissance stark beeinflusste Ambiente. Diese Tradition hält bis heute an. Doch auch Normalsterbliche können für schlappe ca. 500 Euro die Nacht hier verbingen – solange kein hoher Staatsbesuch für besondere Sicherheitsvorkehrungen sorgt. Die Ferienanlage hat ihren eigenen Strand, Kai und Leuchtturm. *(Besichtigung nur Gruppen von mind. 10 Pers. nach telef. Voranmeldung | Eintritt 5 Euro | Tel. 052 39 31 50 | www.euxinograde.bg).*

Am benachbarten Weinberg wird der berühmte Château Euxinograde gekeltert. Rechts neben dem Eingang zur Residenz liegt der Weinladen mit den edlen Tropfen, die einst nur hochrangigen Personen zugänglich waren *(Mo–Fr 9–17.30, Sa 9–14 Uhr). 8 km*

MADARSKI KONNIK REITER VON MADARA ★

(126 B5) (*D6*)

Im archäologische Reservat, 100 km westl. von Varna, gelangen Sie bei einem zweistündigen Spaziergang bis zum Plateau. Von hier eröffnet sich Ihnen ein herrlicher Blick auf die Umgebung. Wer nur den Reiter sehen will, holt tief Luft und steigt die 226 Stufen zum Denkmal hinauf, das unter Unescoschutz steht. Der Reiter von Madara, direkt in den Felsen geschlagen, ist Europas einziges frühmittelalterliches Monumentalrelief. Beeindruckend ist außerdem die *Goljama pestera* (Große Höhle) in unmittelbarer Nähe des Reiterbilds. In der Antike diente sie als thrakische Kultstätte, heute wird sie als außergewöhnlicher Aufführungssaal für klassische Konzerte genutzt *(Konzerte im Sommer Do/Sa 15 und 19 Uhr | Eintritt 3 Euro | Karten an der Denkmalkasse). Reservat: im Sommer tgl. 8–19 Uhr | Eintritt 1,50 Euro | Führungen auf Deutsch)*

ZLATNI PJASĂCI (GOLDSTRAND)

(127 E5) (*F6*) **Der feinkörnige Sandstreifen ist 4 km lang und bis zu 100 m breit. Der Legende nach ist einst von Piraten hier deponiertes Gold über Nacht zu goldenem Sand geworden.**

Daher der Name, der heute durchaus im doppelten Sinn des Worts zu verstehen ist. Denn Goldstrand, der Ballermann des Balkans, gilt als die Goldgrube an der Bulgarischen Schwarzmeerküste. Der Bauboom wird hier sicherlich noch einige Jahre andauern. Schon seit 1958 profitieren die Gäste vom einwandfreien Strand, dem gleichnamigen Naturpark und der Nähe zur Küstenhauptstadt Varna, die mit Bussen und Taxis gut zu erreichen ist und viel Abwechslung zum Stranddasein bietet. Im größten Ferienbad im Norden der bulgarischen Riviera stehen mehr als 100 Hotels, der Ort ist dennoch kompakt und gut zu erlaufen. Eine Bimmelbahn nimmt Sie jederzeit mit, wenn die Füße Sie nicht mehr tragen wollen. Mineralheilquellen und ein herrlich laues Meer garantieren einen hohen Wohlfühleffekt.

In Reihe am Goldstrand: Und wo wird jetzt die Strandburg gebaut?

ESSEN & TRINKEN

HERMITAGE RESTAURANTS

Weil die Hotels am Goldstrand überwiegend all inclusive anbieten, hält sich die Qualität der À-la-Carte- und Fast-Food-Restaurants in bescheidenen Grenzen. Diese Adresse ist eine erfreuliche Ausnahme: Das 5-Sterne-Hotel Meliă bietet eine Fülle verschiedener Gaumenfreuden unter einem Dach. Kenner schwören vor allem auf das *Café Roma*, das schon Kultstatus besaß, als das Haus zur Kempinski-Gruppe gehörte. Für das kulinarische Wohl sorgen außerdem das italienische Restaurant *Al Dente,* für gemütliche Stunden die *Sunshine Bar* und eine geräumige Lounge. *Aleia Meliă 1 | Tel. 052 33 32 22 |* €€€

FREIZEIT & SPORT

Bowling, Bogenschießen, Kricket, Minigolf, Volleyball, Riesenschach, Surfen, Rudern, Segeln, Jetski, Parasailing – am Goldstrand kommt so leicht keine Langweile auf. Das Seebad bietet insgesamt zehn Tennisplätze. Gegenüber dem Hotel Metropol residiert der *Golden Sands Tennis Club.* Im Norden der Anlage verleiht der Yachtclub Surfbretter, Ruder-, Segel- und Tretboote an Urlauber. Im südlichen Teil des Orts liegt die Reitschule für Anfänger und Fortgeschrittene *(Ausritt 30 Euro/Std. | Selo Gjuljovca | Tel. 088 8 30 55 87).*

INSIDER TIPP HARRY'S DIVING CENTER

Eines der beliebtesten Tauchzentren an der Küste steht unter der Leitung von Bulgariens erstem PADI-Master-Scuba-Diver-Trainer Todor Harbaliev (Harry). Geboten werden Kurse für Anfänger und Fortgeschrittene sowie moderne Tauchausrüstung. Vor Anker stehen zwei Schnellboote für Ausflüge auf hohe See. Nach dem Tauchen stehen speziell für Taucher entwickelte Massagen mit Aromatherapie auf dem Programm. *Tgl. 10–18 Uhr | 60 Euro f. 1 Std. Tauchschnupperkurs | direkt am Strand gegenüber dem Hotel International | Tel. 052 35 67 01 | divewith harry.com/de*

AM ABEND

ARROGANCE MUSIC FACTORY

Mix it! In fünf separaten Räumen legen angesagte DJs Musik in unterschiedlichen Stilrichtungen auf. Von Techno, Pop, Hard-Rock über Čalga und Oldies bis hin zu deutschen Schlagern und russischen Protestsongs. Inklusive Lasershow und hochwertiger Drinks. *Neben dem Hotel Casino Astera | arro ganceclub.com*

MALIBU DANCE CLUB

Schwarzes Meer meets Schwarze Musik: Der Tempel des Soul, Funk und R & B am Goldstrand gehört zu den Party-Hotspots der Nordküste. Vor allem am Wochenende heiß begehrt bei den jungen Tanzwütigen aus Varna. *facebook.com/malibu. goldensands*

ÜBERNACHTEN

Komfortable und preisgünstige Hotels finden Sie einige, z. B. im grünen Parkbereich entlang der E 87.

MELIĂ GRAND HERMITAGE

Hier entschleunigen Sie garantiert. Abgesehen vom üblichen Luxus einer 5-Sterne-Unterkunft zeichnet sich das Haus durch seinen hervorragenden Spa-Bereich mit Heil- und Wellnesstherapien aus Indonesien, Japan und Hawaii, mit türkischem Schwitzbad sowie einer INSIDER TIPP thrakischen Weinzeremonie aus. Ideal zum Entspannen. *727 Zi. | Aleia Meliă 1 | Tel. 052 33 32 22 | short.travel/ bus11* | €€€

SENTIDO GOLDEN STAR & GOLDEN STAR FAMILY

Das Doppelhotel besitzt zwei große Flügel mit einem gemeinsamen Hallenbad und einem Restaurant. Schön ist die Aussicht von der Dachterrasse. *219 Zi | 8 Apts. (Golden Star Family) | 192 Zi. | 9 Apts. (Golden Star) | Tel. 052 38 30 00 | www.obzorizgrevhotels.com* | €€

AUSKUNFT

INFOZENTRUM

Im Gebäude der Raiffeisenbank gegenüber dem Hotel Zlatna kotva | Tel. 052 35 56 25 | www.goldensands.bg

ZIELE IN DER UMGEBUNG

ALADŽA MANASTIR (ALADŽA-KLOSTER) ★ (127 D5) (*F6*)

Eine Stunde Fußmarsch vom Goldstrand entfernt liegt das 20 m über dem Erdboden in die Felsen gehauene Höhlenkloster, das vermutlich aus dem 14. Jh. stammt. In dem unter Denkmalschutz stehenden Komplex sind zum Teil Räume, Mönchszellen und eine Kapelle erhalten, die durch ein Treppensystem im Gestein miteinander verbunden sind. Zu sehen sind außerdem Fragmente von Wandmalereien aus dem 14. Jh. *Aladža* bedeutet bunt, doch leider sind die einst sehr farbenfrohen Wandgemälde inzwischen von Touristen stark beschädigt worden. Ein kleines Museum gewährt anhand von Modellen, Skizzen und Bildern Einblick in die Geschichte des außergewöhnlichen Klosters.

Werfen Sie auf jeden Fall einen Blick in die nahe gelegenen Katakomben. Wem es zu anstrengend ist, zum Kloster hinauflaufen, nimmt einfach ein Taxi oder den Bus und tritt dann zumindest den Rückweg gemütlich zu Fuß an. Es geht bergab – versprochen. *Tgl. 10–17 Uhr | Eintritt 1,50*

Wenn's im Hotel zu laut wird: schöner wohnen im Höhlenkloster Aladža

Euro | www.bulgarianmonastery.com. 3 km

NATURPARK ZLATNI PJASĂCI
(127 D–E5) (*F6*)

Der 1320 ha große Park oberhalb von Goldstrand gehört zu den schönsten des Landes. Hier können Sie auf farblich markierten Erlebnisrouten und Bikerwegen wandern und radeln, was das Zeug – oder besser: die Sohle und der Reifen – hält. Zusätzliche Highlights sind die vielen kühlen Wasserquellen. Und was für eine tolle Aussicht auf Meer und Strand! Die Wanderungen dauern meist etwa zwei Stunden, auf ihnen kommen Sie unter anderem zum Höhlenkloster Aladža Manastir.

Im südlichen Teil wächst seit 200 Jahren eine orientalische Platane. Das macht sie richtig gut: Inzwischen liegt ihr Durchmesser bei 4 m. Unterwegs treffen Sie auf die gemütlichsten Einwohner, die Schildkröten, und können dem Gesang über 80 Vogelarten lauschen, die hier ihr Refugium haben. *www.parkzlatnipiasaci.com. 2 km*

RIVIERA (127 E5) (*F6*)

Unmittelbar vor Zlatni pjasăci liegt die Feriensiedlung Riviera. Zu Zeiten des Kommunismus war Riviera eine ausgesprochen mondäne Ferienoase für die bulgarische und internationale Politprominenz. Inzwischen ist hier ein moderner Urlaubskomplex entstanden, der für jedermann zugänglich ist und die unterschiedlichsten Bedürfnisse deckt.

In den fünf renovierten Hotels verschiedener Kategorien stehen etwa 500 Zimmer und Luxusapartments zur Verfügung (*www.rivierabulgaria.com*). Der Meeresstrand ist feinsandig und die Pools werden mit Mineralwasser gespeist. Den besten Ruf Rivieras hat das *Imperial (46 Zi. | 26 Apts. | Tel. 052 38 68 11 | www.rivierabulgaria.com | €€€)*. Sehr zu empfehlen: Das Restaurant *La Terrasse (Tel. 052 38 69 | €€)* neben dem Hotel Oazis ist für seinen guten Fisch bekannt ... *3 km*

DER SÜDEN

Die südliche Schwarzmeerküste gilt als Refugium der Romantiker, Intellektuellen und der Individualisten. In zahlreichen kleinen Fischerdörfern warten günstige Privatquartiere auf Gäste. Nach der Wende haben viele Bulgaren hier ihre eigenen kleinen Familienhotels errichtet. Für ihre Betreiber sind sie oft der einzige Lebensunterhalt.

Oft sind es die Älteren, die sich um die Unterkünfte kümmern, weil der Nachwuchs in den großen Kurorten und Städten besser verdient. Die Menschen hier sind ausgesprochen gastfreundlich. In den Orten geht es relativ ruhig zu, die kleinen Lokale bieten leckere Küche mit frischem Fisch. Südlich von Burgas gibt es deutlich weniger ausländische Touristen, dafür mehr bulgarische Urlauber als im Norden. Vor der Wende waren im tiefen Süden die Campingfreunde noch unter sich. Die Zeltplätze sind heute zwar zumeist verfallen, doch ihre schönen Strände haben keineswegs an Charme verloren.

Wegen der Nähe zur türkischen Grenze, der einstigen Nato-Südflanke am Ostblock, waren weiträumige Gebiete im Süden der Küste vom Militär zum Sperrgebiet erklärt worden. Profiteur war die Natur, die sich in dem Niemandsland nahezu ungestört entfalten konnte. Vor allem im riesigen Nationalpark Strandža-Gebirge, aber auch in den zahlreichen kleineren Naturreservaten an den Mündungen der Flüsse entdecken Sie Flora und Fauna, die mit ihrem Artenreichtum ihresgleichen suchen.

Bild: Hafen von Nesebăr

An der Südküste geht es gemächlicher zu? Mag sein, wenn Sie die wilden Gebirge und die Festivals in den alten Städten auslassen

BURGAS

KARTE AUF SEITE 130/131
(129 D–E3) (*D–E9*) **Burgas wirkt mit den riesigen Schloten der Erdölraffinerie und der Betonskyline der neuen Wohnkomplexe auf den ersten Blick nicht besonders einladend.**

Die mehr als 200 000 Ew. zählende Stadt ist eine Industriemetropole und für viele nur Zwischenstation auf dem Weg zum Ferienziel. Doch Burgas hat durchaus Reize, die eine Entdeckung lohnen. Das belegt schon ein Bummel durch das kompakte Zentrum. Das in den Himmel ragende Hotel Bălgaria ist der Nabel der Stadt. In der Nähe liegt der liebevoll restaurierte alte Bahnhof, eine Kopie seines älteren Bruders in Varna. Vom Busbahnhof nebenan bringen Busse und Sammeltaxen die Gäste in alle Küstenorte südlich und nördlich der Stadt. Südlich liegt auch der lang gestreckte Hafenkomplex.

Die Flaniermeile von Burgas ist die Alexandrovska. Gleich hinter dem Hotel

Außen geht so, innen oho: Kirche Heilige Kyrill und Method

> **CITY WOHIN ZUERST?**
> Starten Sie am **Bahnhof (131 D3)** *(🕮 k3)*: Über den Boulevard Aleko Bogoridi spazieren Sie entlang schöner Cafés und bunter Läden über den Meerespark zum Strand. Burgas arbeitet mit der Blauen Parkzone. Blau markierte Parkplätze werden per SMS bezahlt oder alternativ mit Parkschein, den Sie bei den Parkwächtern erhalten *(short.travel/bus13)*.

Bălgaria geht es rechts über die Straße Aleko Bogoridi entlang hübscher Boutiquen und Konditoreien zum Meeresgarten – dem beliebtesten Park der Locals: Cafés, Restaurants und Spielplätze locken im schattigen Grün direkt am Meeresufer.

Burgas liegt an der gleichnamigen Bucht und ist von drei Seen umgeben: Atanasovsko, Burgasko und Mandrensko. Wegen der Süßwasserquellen legten die Römer hier den antiken Kurort *Colonia Deultum* an, dessen Reste im Dorf Debelt zu sehen sind. Durch die Industrialisierung und Anbindung an die Eisenbahn entwickelte sich die im 19. Jh. nur 3000 Ew. zählende Stadt zum wichtigsten Hafen Südbulgariens.

SEHENSWERTES

ARCHEOLOGIČESKI MUZEJ (ARCHÄOLOGISCHES MUSEUM)

(131 D3) *(🕮 k3)*

Als ob Ihnen die kyrillische Schrift nicht schon genug Kopfschmerzen bereiten würde! Im Hof des Museum warten zehn weitere Schriften auf Sie, aber das lohnt sich: Eine spannend gestaltete Wand visualisiert die ältesten und für die menschliche Zivilisation wesentlichen Lettern wie Runen, Hieroglyphen und das erste bulgarische Alphabet Glagolitsa. Im Gebäude der ersten bulgarischen Klassenschule (1889) befindet sich die größte Sammlung von Ankersteinen und Schwergewichtsankern auf dem Balkan. Auch ein Holzschiff aus dem 2. Jh. können Sie hier aus der Nähe erkunden. *Mo–Fr 9–17 Uhr | Eintritt 2,50 Euro, Führungen auf Deutsch 10 Euro | Aleko Bogoridi 21 | www.burgasmuseums.bg*

ARMENSKA CĂRKVA (ARMENISCHE KIRCHE) (131 D3) (*k3*)
Die ersten Armenier sollen bereits 1549 nach Burgas gekommen sein. Ende des 19. Jhs. fanden mehr als 22 000 Armenier Zuflucht vor der Verfolgung der Osmanen. Seitdem prägen sie die Geschichte der Stadt. An der Errichtung des Hafens waren viele armenische Bürger beteiligt. Die 1859 erbaute niedliche Kirche ist nicht nur Symbol, sondern auch Treffpunkt der heutigen Nachfahren der Asylanten. Viele beten auf weichen Teppichen, mit denen der Boden des Gotteshauses bedeckt ist. *Tgl. 9–18 Uhr | Lermontov 13 | hinter dem Hotel Bălgaria*

FLORA (131 E1) (*i1*)
Jahrelang fand die schönste Blumen- und Pflanzenausstellung des Landes im Meeresgarten größtenteils unter freiem Himmel statt. Inzwischen steht hier ein moderner, multifunktionaler Glaspalast mit Wellendach, das eine spielerische Verbindung zum nahe gelegenen Meer herstellt. Die oft als neues architektonisches Symbol von Burgas zitierte Hallenkonstruktion wurde 2017 zum nachhaltigsten Ökobau des Landes gekürt. Heute wird das nach ökologischen Standards errichtete Gelände natürlich auch außerhalb der Flora-Messe über das ganze Jahr aktiv genutzt. Im Wechsel residieren hier das *Handmade Festival*, Vernissagen zeitgenössischer Künstler, ein angesagtes Bierfest, Kinderpuppentheater, Biomarkt sowie ein internationales Jazzfestival. *Tgl. 8–18 Uhr | Primorski park | Tel. 088 212 10 01 | facebook.com/floraburgas*

HRAM SVETI KIRIL I METODIJ (KIRCHE HEILIGE KYRILL UND METHOD) (131 D2) (*k2*)
Treten sie ein und lassen sie die Seele baumeln. Die Faszination bulgarischer orthodoxer Kirchenmusik erleben Sie hier am besten bei einem Gottesdienst. Laut Kanon immer ein Männerchor, der spirituelle Gesänge ohne begleitende Instrumente vorträgt. Die gewaltigen Choräle entreißen die Zuhörer auf eine sanfte Weise dem stressigen Alltag

MARCO POLO HIGHLIGHTS

★ **Auferstehungskirche**
Die romantische Kapelle überstand Ahtopols Feuersbrunst → S. 69

★ **Muzej na solta**
Spannende Reise in die Welt der Salzgewinnung → S. 74

★ **Izbata**
Im größten Weinkeller des Balkans → S. 75

★ **Antična grobnica**
Ein Grabmal der besonderen Art → S. 76

★ **Veleka-Mündung**
Beeindruckend unberührte Natur im ehemaligen Jagdrevier des Zaren → S. 77

★ **Nesebăr**
Wo Antike, Mittelalter und Wiedergeburtsepoche aufeinandertreffen → S. 70

★ **Rezovo**
Viel Ursprünglichkeit hat sich im früheren Sperrgebiet erhalten → S. 78

★ **Sozopol**
Malerische Altstadt, die eine starke Anziehungskraft nicht nur auf Künstler hat → S. 83

★ **Ropotamo**
Lianenwälder und sagenumwobene Felsen prägen das Naturreservat → S. 88

★ **Nestinari**
Was für ein Erlebnis: mit nackten Füßen auf heißer Glut tanzen → S. 68

und laden zum Meditieren ein. Bei den sakralen Gesängen handelt es sich um traditionelle bulgarische Klosterlieder aus dem Mittelalter sowie bearbeitete Werke orthodoxer slawischer Komponisten. Das größte Gotteshaus der Stadt von 1895 birgt wertvolle Wandmalereien und Ikonostasen. Der goldene Schmuck auf einigen Ikonen sind Gaben dankbarer Gläubiger: meist Menschen, die durch wundersame Kräfte der Ikone von ihrem schweren Leiden befreit wurden. *Tgl. 9–20 Uhr | Ploschtad Kiril i Metodij 11*

HUDOŽESTVENA GALERIA (GEMÄLDEGALERIE) (131 D3) (*k3*)

In der ehemaligen jüdischen Synagoge hängen neben zeitgenössischen Werken Malereien der in Bulgarien als Klassiker geltenden Künstler Vladimir Dimitrov (der Meister) und Zlatju Bojadžiev. Außerdem INSIDER TIPP *Kammerkonzerte und Solistendarbietungen*. *Mo–Fr 9–19 Uhr | Eintritt 1,50 Euro | Mitropolit Simeon 24 | www.burggallery.org*

ESSEN & TRINKEN

BIRARIA KAMÂNITE (0) (*0*)

Sie stehen auf gute Hausmannskost ohne viel Schnickschnack? Nichts wie hin! Hier gibt's oft leckere lokale Speisen zu Schnupperpreisen im Sondergebot. *Burevestnik 4 | Tel. 089 3 9187 31* | €

INSIDER TIPP JOLLY ROGER (0) (*0*)

Schiff zur Insel Sveta Anastasia verpasst? Macht nichts! Das Lokal eignet sich ideal zur kulinarischen Zeitüberbrückung. Der Ursprung der legendären Totenkopf-Flagge Jolly Roger bleibt zwar bis heute ein sagenumwobenes Rätsel, nicht aber, was als Zutaten in der Fischsuppe im gleichnamigen Restaurant am Passagierhafen von Burgas verarbeitet wird. Die schlichte und exzellent geführte Bretterbude zieht das ganze Jahr über Schlemmermäuler an, die einfach nicht genug vom Schwarzmeerfisch bekommen. Auch Krabben und Muscheln aus dem Golf von Burgas sind hier frisch und lecker zubereitet. *Am Hafen | Tel. 089 5 77 76 55 | short.travel/bus47* | €€

INSIDER TIPP KISH BAR & DINNER (E2) (*l2*)

Fußball-WM? Ach, was! Bulgarische Profifußballer haben auch noch andere Talente. Zum Beispiel Radostin Kischischew, ehemaliger Mittelspieler u. a. bei Leeds United und Leicester City, heute Trainer, hat sich in seiner Heimatstadt einen Traum erfüllt: sich Schönheit schmecken lassen, mit Freunden von Herzen lachen und das Flair der Metropole Burgas mitgestalten. Sie sollten vor allem am Abend reservieren, denn der Laden ist ein Renner. *Adam Mickiewicz 1 | Tel. 087 7 61 61 66 | kish.bg* | €€

EINKAUFEN

ALEXANDROVSKA/BOGORIDI (131 D3) (*k3*)

Auf den beiden sich vor dem Hotel Bălgaria kreuzenden Boulevards liegen die wichtigsten Geschäfte, Cafés und Treffpunkte der Stadt.

BURGAS PLAZA ● (0) (*0*)

Die erste Shoppingmall der Stadt, mit über 90 Läden auf ca. 40 000 m². Sie wurde für 60 Mio. Euro errichtet und lockt mit großem Angebot. *Transportna | burgasplaza.com*

GERONIMO (131 D3) (*k3*)

Bulgariens feinste Adresse für Herrenunterwäsche. Im Laden in Burgas gibt es auch schrille Bademode zu kaufen – für einen gelungenen Auftritt am Strand. *Georgi Kirkov 5 | geronimo.bg*

SPORT & STRÄNDE

Frühmorgens oder spätabends ist der Meeresgarten ideal zum Joggen. Fahrräder sowie E-Bikes können Sie unkompliziert anmieten. Steinerne Stufen führen direkt zum Strand (131 E3) (*i3*), dessen Sand wegen des Magnetitgehalts dunkler als anderswo ist und somit besonders heiß werden kann: daher Badeschuhe nicht vergessen. ● Die Sonnenschirme spendiert Ihnen die Gemeinde.

WINDSURF CLUB BURGAS

(131 E1–2) (*l1–2*)
Sechs Stunden Unterricht sollten schon genügen, wenn Sie sich allein auf dem Brett über Wasser halten wollen. 150 Euro kostet der Kurs inklusive Ausrüstung. Oder wie wär's, exklusiv für 20 Euro die Stunde mit eigenem Trainer zu üben? Und Können mieten sich Bretter sowie Zubehör und starten einfach selbst durch. *Im Norden des Meeresgartens | www.windsurf-burgas.com*

AM ABEND

FREILICHT-SOMMERTHEATER

(131 E2) (*l2*)
Die Magie der bulgarischen Folklore, Klassiker aus Oper und Ballett oder Stars der bulgarischen Pop- und Rockszene unter freiem Himmel. Die frische Meeresluft und der Duft des umliegenden Blumengartens sind dabei inklusive. *Im Meeresgarten | Tel. 056 820055 | www.letenteatar.com*

Strandurlaub in Burgas: Das wichtigste Utensil dabei ist der Sonnenschirm

KINO (131 D3) (*k3*)

Für einen kleinen Kinomarkt wie Bulgarien ist die Synchronisation meist zu teuer. Daher laufen fast alle Filme im Original mit bulgarischen Untertiteln. Eine kurzweilige Gelegenheit, Ihre Englischkenntnisse aufzufrischen. *Trakia | Car Asen I 6*

XTRA LIVE CLUB (D3) (*k3*)

Hier glüht der Dancefloor! Internationale und lokale Stars treten live auf, ansonsten gibt's Musik vom Feinsten

Man kann in Burgas auch einfach nur einen Zwischenstopp machen, aber das wäre schade

– aufgelegt von guten bulgarischen DJs. *Šeinovo 3 | Tel. 089 366 67 67 | short.travel/bus41 | €€*

ÜBERNACHTEN

GRAND HOTEL BĂLGARIA

(131 D3) (*🗺 k3*)

Die wohl beste Aussicht im Herzen der City erwartet Sie in den oberen Etagen des 17-stöckigen Hauses aus der Zeit des Sozialismus. Vor allem das Panoramarestaurant auf dem Dach bietet tolle Ausblicke auf Bucht und Altstadt. *158 Zi. | 12 Apts. | Alexandrovska 21 | Tel. 056 84 26 10 | www.bulgaria-hotel.com | €€€*

MORSKO KONČE (0) (*🗺 0*)

Sympathisches Haus im Stadtteil Sarafovo zwischen Airport und City. Nur 500 m bis zum lokalen Strand mit schönem Ausblick auf die Bucht von Burgas. *15 Zi. | 1 Apt. | Oktomvri 38 | Tel. 056 50 05 80 | morskokonche.com | €*

HOTEL PRIMOREC (131 E3) (*🗺 l3*)

Das einzige 5-Sterne-Hotel in Burgas gilt seit der Eröffnung 1959 als Hafen des diskreten Luxus: Aufwendig renoviert liegt es strategisch ideal zwischen Stadtzentrum, Meeresgarten, Strand und Hafen und bietet Schwimmbad, Hydromassage und Spa-Anwendungen. *99 Zi. | 4 Apts. | Alexander Batenberg 2 | Tel. 056 81 23 45 | www.hotelprimoretz.bg | €€€*

AUSKUNFT

INFOZENTRUM BURGAS

(131 D3) (*🗺 k3*)

Hristo Botev | in der Unterführung zur Oper | Tel. 056 82 57 72 | short.travel/bus16

ZIELE IN DER UMGEBUNG

BIO TIFUL (129 E3) (*🗺 E9*)

Nein, kein Schreibfehler, sondern die gelungene Beschreibung einer im Südteil der Stadt gelegenen Biofarm. Silvia und Dimiter haben mit dem Diplom der Forstakademie in Sofia in der Tasche in Burgas ihren alternativen Weg beschritten, auf dem sie Wald, Acker und Natur unter einen neuen Nenner bringen, weg von der konventionelle Landwirtschaft – eine an sich uralte Philosophie. Outdour Education heißt hier das Zauberwort: Kinder und Erwachsene genießen auf der Biofarm die Natur, pflücken frische Erdbeeren, Tomaten, Paprika, streicheln und füttern Haustiere, spielen mit Dreck und Stroh oder sitzen einfach mit Gleichgesinnten beim Kräutertee zusammen. Ganz natürlich Ihr inneres Gleichgewicht ausbalancieren? Geht hier! *Atia | Tel. 088 8 44 88 25 | biotifulfarm.bg. 10 km*

INSIDER TIPP **INSEL SVETA ANASTASIA**
(129 E3) *(🗺 E9)*
Südöstlich von Burgas liegt die Felseninsel Heilige Anastasia, benannt nach dem früheren Kloster. Einst eine viel besuchte Pilgerstätte, wurde das Kloster Ende des 19. Jhs. geschlossen. 1925 diente die Insel als Kerker für zum Tode verurteilte Bolschewiken, die nach einer Meuterei in die Sowjetunion flüchteten. Bis nach der Wende wurde die Insel in deren Gedenken Bolševik genannt. Heute gibt es hier ein Museum und im ehemaligen Kloster ein Hotel mit gutem Restaurant *(Tel. 088 2 00 41 24 | anastasia-island.com | €€).*

CAREVO

(129 F5) *(🗺 E10)* **In der geschützten Bucht erwärmt sich das Meer schneller als anderswo. Die bei Bulgaren sehr beliebte Ortschaft (6000 Ew.) bietet Ihnen unzählige Privatquartiere, zwei schöne Strände und das nahe Strandža-Gebirge.** Der Tourismusboom hat Carevo noch nicht erreicht, das Städtchen wirkt einfach und ruhig. Dank des guten Klimas werden um Carevo Feigen angebaut. Vom nahen Gipfel Papia (502 m) mit den Ruinen einer alten Festung eröffnet sich Ihnen ein schöner Blick aufs Meer und die Wälder des Strandža-Gebirges. Die Fußgängerzone führt entlang zahlreicher Läden zum Meerespark mit schönem Blick aufs Wasser.

ESSEN & TRINKEN

DEL MARE
Klassische mediterrane Küche mit dezentem bulgarischen Einschlag: z. B. Humus mit Auberginenpaste und Knoblauch oder frische Muscheln mit Zitrone und Liebstöckel. Die leuchtend weißen Stühle und Tische vor dem blauen Meereshintergrund und das freundliche Personal führen sie ein paar Schritte näher zum Paradies. *Vasiliko malak plaž | Tel. 088 4 70 72 79 | short.travel/bus47 | €€*

LOW BUDG€T

Kableškovo **(129 E3)** ***(🗺 E9)*** ist berühmt für seinen *Flohmarkt*. Locals besuchen ihn weniger wegen der gebrauchten Gegenständen, sondern wegen des reichen Angebots an neuen Waren: direkt vom Hersteller oder Importeuer, oft preisgünstiger als im Laden.

Mit einem Kombiticket gelangen Sie in Burgas billiger ins *Naturkundemuseum* **(131 D3)** ***(🗺 k3)***, *Volkskundemuseum* **(131 D2)** ***(🗺 k2)***, ins *Historische Museum* **(131 D3)** ***(🗺 k3)*** sowie ins *Archäologische Museum* **(131 D3)** ***(🗺 k3)***: 2 Museen nehmen 3 Euro Eintritt, 3 Museen 4 Euro, 4 Museen 5 Euro.

VASILIKO
Das Vasiliko serviert gute bulgarische Küche und Seefood mit reichhaltigem Salatangebot und den für Carevo typischen, hausgemachten, eisgekühlten Feigenschnaps. Gute Weinkarte. *Geo Milev 1 | Tel. 0590 5 28 24* | €

FREIZEIT & SPORT

In dem benachbarten Örtchen Lozenec gibt es eine gute Surfschule, auch für Kite und Hawaiibrett. Ausrüstung wird vermietet. *Tel. 088 8 30 86 30 | www.oxo.bg*

ÜBERNACHTEN

INSIDER TIPP **BAY VIEW RESORT**
Am Hauptstrand von Carevo gelegen, bietet das Hotel vollklimatisierte Apartments mit Terrassen, die einen tollen Blick auf die Bucht der Stadt eröffnen. Gleich in der Nähe finden Sie zwei weitere beliebte Strände: Popski Plaž und Nestinarka, der mit Vorliebe für Yoga-Retreats genutzt wird. *62 Zi. | 8 Apts. | Tel. 088 9 87 33 88 | www.bayview.bg* | €€

ROCAMAR BEACH RESORT
Großzügige Ferienanlage unmittelbar am schönen Nestinarka-Strand südlich von Carevo. Angenehme Chill-out- und Barbeque-Lounge. Einzigartige Sicht auf den Sonnenuntergang hinter der Bucht. *22 Apts. | Tel. 087 8 73 62 70 | rocamar-beach-resort.primorsko.org/de* | €€€

AUSKUNFT

TOURISMUSAMT
Han Asparuh 36 | Tel. 0590 5 50 10 | visit tzarevo.bg

ZIELE IN DER UMGEBUNG

AHTOPOL (129 F5) (*F11*)
Die Griechen nannten sie Agatopol – Stadt des Glücks. Die südlichste Stadt Bulgariens (1400 Ew.) zieht mit ihrem warmen, ruhigen Meer vorwiegend bulgarische Badefreunde an. Hier dominieren Ferienheime und Bungalowsiedlungen der sozialistischen Ära das Bild.
Am Hafen beginnt der Promenadenweg (*Krajmorska uliza*), der von einem blau-

WIE EIN TANZ AUF DEM VULKAN

Im Strandža-Gebirge im Süden Bulgariens wird bis heute jedes Jahr am 3./4. Juni zum Gedenken an die Hl. Konstantin und Elena der Brauch des Feuertanzens gepflegt. Zentrum der Feierlichkeiten ist das Dorf Bălgari. Die Heiligen sollen den ★ *Nestinari* (Feuertänzern) an diesem Tag die spirituelle Kraft verleihen, auf heißer Glut zu tanzen, ohne sich dabei zu verbrennen. Nach einer Prozession versammeln sich alle am späten Abend auf dem Dorfplatz, wo ein großes Feuer brennt. Zur Musik von Trommeln und Dudelsack tanzen die barfüßigen Nestinari ekstatisch auf der zehn Zentimeter dicken Glut. Dabei tragen sie die Ikonen der Heiligen vor sich her und küssen sie. Diese Tradition geht zurück auf den christlichen Kaiser Konstantin I., der ein großer Verehrer des Feuers war und den Tänzern daher erlaubte, ihr heidnisches Fest weiterhin zu feiern. In vielen Ortschaften findet das Fest noch nach dem alten Julianischen Kalender statt (21. Mai), als Touristenattraktion sogar öfter.

Suchen Sie das Glück? An der Felsenküste bei Ahtopol werden Sie fündig

en, mit Fischen verzierten Zaun markiert wird. Auf einem felsigen Hügel steht die kleine ★ *Auferstehungskirche Cărkva Vaznesenie Gospodne* von 1776, die als einziges Gebäude 1918 einen verheerenden Brand überstand *(ul. Briz 14)*. Der Fußboden der Kirche liegt einen halben Meter unterhalb des Terrains, wie viele andere Gotteshäuser, die während der osmanischen Fremdherrschaft nicht höher sein durften als ein türkischer Soldat auf seinem Pferd. Interessant sind die pyramidenförmigen Lichtschächte in der Decke, die es ermöglichten, die Kirche bei Gefahr für längere Zeit abzuriegeln. Diese besondere Architektur zeigen auch die älteren Häuser im Strandža-Gebiet. Die Figuren auf beiden Seiten der Apsis veranschaulichen, wie sehr der Maler durch die individuelle Gestaltung dem damals gängigen Kanon der byzantinischen Wandmalerei wiedersprach. Vom gegenüberliegenden Hof eröffnet sich eine ausgezeichnete Sicht auf die südliche Küstenregion. Auch vom Fischlokal *Četirimata Kapitani (Krajmorska 29 | €)* und von der Terrasse des INSIDER TIPP *Café Prego (Hristo Botev 24)* kann man das Panorama genießen. Wer länger bleibt, kann im bescheidenen Hotel *Neptun (Georgi Mihailovski 5 | Tel. 088 8 24 94 86 | €–€€)* einen Blick auf die Weite des Meers genießen. *10 km*

LOZENEC UND VELIKA
(129 F5) *(E10)*

Das kaum 500 Ew. zählende Dorf *Lozenec* ist im Sommer beliebter Urlaubsort vieler Sofioter. Früher gab es hier staatliche Ferienheime für Richter, Staats- und Rechtsanwälte. Auch heute verbringen Juristen dort gern ihren Urlaub. Es liegt inmitten fruchtbarer Weinberge, die ihm nicht nur den Namen (*loza* heißt „Rebe"), sondern auch eine typisch mediterrane Atmosphäre verleihen. Mehr Infos unter *lozenets-blacksea.com*

Nur 3 km weiter westlich schließt sich das Dorf *Velika* an. Gehen Sie hier in den privaten INSIDER TIPP *botanischen Garten* des Agronomen Serafim Serafimov *(tgl. 8.30–18.30 Uhr | Eintritt 1 Euro | Tel. 059 05 71 66 | www.facebook.com/SerafimoviGarden)*. Über 2500 Pflanzenarten gibt es im kleinen Paradies zu sehen, darunter allein 1600 verschiedene Kakteen und seltene Pflanzen der Strandža-Region. *12 km*

NESEBĂR

KARTE AUF SEITE 130

(129 E3) (*E9*) **Eine alte Windmühle aus Holz grüßt die Besucher, wenn sie sich vom Sonnenstrand aus der zauberhaften Stadt ★ Nesebăr (10 300 Ew.) nähern. Nach nur wenigen Metern beginnt die spannende Zeitreise.** Auf einer Landzunge streckt sich die 25 ha große Altstadt Nesebărs dem Meer entgegen. Ein etwa 400 m langer Damm verbindet die Halbinsel mit dem Festland. Mehr als 40 Kirchen sollen sich einst auf dem Zipfel gedrängt haben. Auf Schritt und Tritt finden sich hier Zeugnisse mittelalterlicher Baukunst. Beim Spaziergang durch die romantische Altstadt mit ihren engen und gepflasterten Gassen, den gut erhaltenen Wiedergeburtshäusern, vorbei an Gärten voller Weinreben und Feigenbäume wird die religiöse sowie kulturelle Bedeutung Nesebărs durch die Jahrhunderte hindurch deutlich spürbar.

Nesebărs Altstadt gilt als eine der ältesten Siedlungen Europas und ist Unesco-Weltkulturerbe. Die Neustadt nimmt sich mit ihrer Infrastruktur der Touristen an und bietet viele Familienunterkünfte. In der Sommersaison ist die Altstadt von Tausenden Touristen sowie von Verkäufern von Kunst und Kitsch regelrecht belagert. Lassen Sie sich nicht abschrecken: Das märchenhafte Städtchen sollten Sie unbedingt besuchen und genießen. Die als Symbol der Stadt geltende alte Windmühle auf der schmalen Landzunge zwischen Alt- und Neustadt ist ein guter Ausgangspunkt für einen Bummel.

Nesebăr: Mit Windantrieb ins Märchenstädtchen – brauchen Sie auch angesichts der Touristenströme

SEHENSWERTES

HRAM SVETI JOAN ALEITURGETOS (KIRCHE HEILIGER JOHANNES)

Obwohl vom schweren Erdbeben stark beschädigt, beeindruckt das Gotteshaus aus dem 14. Jh., das laut Namen (Aleiturgetos) nie eingeweiht wurde, durch seine farbenfrohe Fassade: der Wechsel zwischen weißen Steinblöcken und roten Ziegeln, die vielfältigen Keramikornamente erinnern an die bunten, von Hand gewobenen bulgarischen Läufer und geben den meisten Betrachtern das Gefühl, vor dem schönsten Gebäude der Altstadt zu stehen. Dazwischen verstecken sich unzählige christliche und heidnische Symbole wie Sonnen, Kreuze und Blumen. Die ebenso erkennbaren orientalischen Ornamente sind typisch für die bulgarischen Kirchen aus jener Zeit. *Mena/Ecke Ivan Alexander | short.travel/bus17*

KĂŠTA MOSKOIANI (HAUS MOSKOIANI)

Ein wohlhabender griechischer Händler gab 1840 den Bau dieses typischen Wiedergeburtshauses in Auftrag: Das Erdgeschoss ist aus Stein, der Überbau aus Holz, mit einer filigranen Holzschnitzerei in der Form einer Rosette an der Decke des Wohnzimmers. Die alten Meister haben mit Absicht in der Fassade des zweiten Stocks Ritzen für die kleinen Eidechsen hinterlassen, die im Sommer aufdringliche Insekte verschlingen und als Glücksbringer gelten. Heute sind hier Exponate aus der jahrhundertealten Geschichte von Nesebăr zu sehen: somit erhalten Sie einen guten Einblick in das einstige Interieur der Räumlichkeiten. *Do–So 10.30–14 und 14.30–18 | Eintritt 1,50 Euro | Messemvria*

ESSEN & TRINKEN

EMONA

So lebt man hundert Jahre, sagen die Bulgaren: Inmitten der Altstadt spenden ineinander verflochtene grüne Weinblätter und schwere Trauben wohltuenden Schatten über die mit Köstlichkeiten gedeckten Tische. Beim Ausblick aufs weite Meer lassen Sie die Seele baumeln. *Messemvria 4 | Tel. 0554 4 20 22 | www.emona-ns.com | €€*

FRONTON

Pflastermüde? Dann machen Sie hier Pause: Das schicke Café mit gemütlichen Plätzchen im Freien bietet coole Drinks und leckeres bulgarisches Eis. Probieren Sie unbedingt den Joghurt mit Feigenmarmelade. *Messemvria 10 | Tel. 088 745 88 24 | €*

HONOLULU

Achtung: Dies ist die Spitze des kulinarischen Bermudadreiecks, welches dieses

Lokal mit den Restaurants *Neptun* und *Perla* bildet. Besitzer Krassi fängt den Fisch jeden Morgen selbst. Es fällt in der Tat schwer, dem Sog der Altstadt bei so viel Genussversprechen zu entkommen. *Car Assen II 22 | Tel. 0554 4 55 05 | €*

INSIDER TIPP **KAPITANSKA SREŠTA**

In dem unter Denkmalschutz stehenden Wiedergeburtshaus aus dem 18. Jh. trafen sich einst die Fischer der Stadt. Heute sind Sie dran. Der frische Salat mit eisgekühltem Getränk auf der breiten Terrasse mit Blick aufs Meer ist ein zeitloser Nesebär-Klassiker. *Altstadt | Mena 22 | Tel. 0554 4 21 24 | kapitanska-sreshta.sea-hotels-bg.com | €€*

EINKAUFEN

Die schmalen Gassen der Altstadt gleichen manchmal einem orientalischen Basar, so voll und wuselig ist es hier. Mehr Ramsch als Wertvolles ist im Angebot. Neben den mit viel Aufwand von bulgarischen Großmüttern über den Winter gehäkelten Tischdecken und Tüchern stapeln sich bestickte Blusen, gefälschte Militaria, Sporthemden mit DDR-Wappen und Ikonenkopien. Jeder Stadtteil hat seinen Bauernmarkt, auf dem Sie sich mit frischem Obst und Gemüse eindecken können. Allerdings haben die Stände in der Neustadt meist die besseren Preise.

STRÄNDE

In Nesebăr gibt es zwei zum Baden geeignete Strände: den Kiesstrand im Süden und den Sandstrand im Norden der Neustadt. Letzterer hat den feinsten Sand der Bulgarischen Schwarzmeerküste. Bis weit ins Hinterland erheben sich die hohen, goldgelben Sanddünen. Sie beginnen nördlich des Strands von Slănčev brjag, nehmen an der Landzunge wieder ab und verwandeln sich südlich von Ravda in riesige Hügel.

AM ABEND

CARAMEL MUSIC HALL

Die mit Fahrrad- und Motorradteilen geschmückte Bar liegt in der Neustadt und ist Treffpunkt der lokalen Bikerszene. Gute Livemusik sowie leckere Dinner-Snacks *(€€). Tgl. 11–2 Uhr | Han Krum 11 | Tel. 089 3 34 40 07 | facebook.com/caramelnessebar*

ÖKO BAR PRI MAJKÂL

Kleine Wasserfälle, üppige Grünpflanzen, seltsam anmutende Steine wie in einer Tropfsteinhöhle – diese Kneipe hat sich eindeutig der Natur verschrieben, auch wenn das Angebot nicht un-

Einfach auf die Stühle sinken lassen und Meer sowie Essen genießen im Kapitanska Srešta

bedingt öko und bio ist, wie der Name vermittelt. *Tgl. 10–1 Uhr | Han Asparuh | Tel. 088 8 70 58 74*

ÜBERNACHTEN

HOTEL FESTA PANORAMA
Wenn Sie's marokkanisch mögen: Nahe am Strand, wenige Minuten zu Fuß zur Altstadt. Großzügiger Spa- und Wellnessbereich. *180 Zi. | Tel. 0554 2 97 00 | www.festapanoramahotel.com* | €€€

HOTEL GERGANA
Das preiswerte Familienhotel besticht durch seine Lage an der Einkaufsmeile der Neustadt. Bis zum Nord- oder Südstrand benötigen sie nur fünf Minuten. *7 Zi. | 3 Apts. | Sveti Kiril i Metodij 24 | Tel. 0554 4 51 02 | www.hotel-gergana.namore.info* | €

INSIDER TIPP HOTEL MONTE CHRISTO
Mitten im antiken Nesebär wird hier der Stil eines traditionellen Wiedergeburtshauses gepaart mit dem Komfort der Neuzeit. *12 Zi. | Venera 2b | Tel. 0554 4 20 55 | www.montecristo.bg* | €€€

HOTEL SVETI STEFAN
Rustikales Ambiente im Herzen der Altstadt. Das traditionelle Familienhotel liegt gegenüber der alten Stephanskirche und bietet Zimmer mit attraktivem Meeresblick. *16 Zi. | 3 Apts. | Ribarska 11 | Tel. 0554 4 36 03 | www.hotelsaintstefan.com* | €€

AUSKUNFT
Diverse Websites bieten Informationen über Nesebär: *nesebar.net | www.nessebarinfo.com | www.visitnessebar.*

org | www.nesebar.com | www.ancient-nessebar.com (speziell zur Altstadt)

INOFZENTRUM FÜR BESUCHER

In der Altstadt. *Messembria 10 | Tel. 0554 4 26 11 | municipality-nessebar.com*

POMORIE

(129 E3) (*🗺 E9*) **Zwei Dinge prägen diese ruhige Stadt (14 600 Ew.): Salz und Schlamm. Auf einer engen, felsigen Halbinsel gelegen, profitiert Pomorie von der Lagune, die sich nördlich des Orts erstreckt.**

Schon die Griechen nutzten das natürliche Becken zur Salzgewinnung aus Meerwasser. Jenseits der Lagune liegt der See von Pomorie, der dem Ort seinen Heilschlamm bescherte und damit seinen guten Ruf als Kurbad begründete. In architektonischer Hinsicht unterscheidet sich Pomorie deutlich von Nesebär und Sozopol, denn 1906 fielen hier fast alle Holzhäuser einem Brand zum Opfer. Einige wenige Gebäude im klassischen Wiedergeburtsstil stehen noch nahe der alten Mole im Osten der Stadt. Ansonsten prägen Ferienheime das Stadtbild. Im Meerespark steht die Büste des bulgarischen Lyrikers Pejo Javorov, der seine schönsten Gedichte Pomorie widmete.

SEHENSWERTES

KLOSTER SVETI GEORGI

Das einzige bewohnte Kloster der bulgarischen Küste wurde erstmals im 12. Jh. erwähnt, doch die Gebäude in ihrer heutigen Form existieren „erst" seit 1856. Wertvolle Ikonen und das Steinrelief des heiligen Georgs, des Drachentöters, gibt es zu sehen. Im von Blumen umrankten Klostergebäude leben Mönche, die mit der Hilfe von Bauern aus der Umgebung ihren eigenen Wein und Traubenschnaps herstellen und verkaufen *(Rotwein 1,50 Euro | Weintraubenschnaps mit Rebenzweig in der Flasche 2,50 Euro)*. Gern zeigen Ihnen die Mönche das Kloster. Am Georgstag, dem 6. Mai, feiern Kloster und Ort ihren Schutzheiligen. *Knjaz Boris 110 | Eintritt frei, über eine Spende freut sich das Kloster | zwischen Alt- und Neustadt am Bahnübergang | www.pomoriemonastery.org*

MUZEJ NA SOLTA (SALZMUSEUM) ★

Das Salzmuseum ist eine Besonderheit an der Schwarzmeerküste. Im Informationszentrum veranschaulichen Tafeln und Filme (auch in Deutsch), wie das Meerwasser in den Salinen verdunstet und Salz zurückbleibt. Etwa 30 000 t werden jährlich in Pomorie gewonnen. Der Besucher lernt hier, sein eigenes Salz herzustellen. Von der Museumsterrasse lassen sich mehr als 240 Vogelarten beobachten, die in Lagune und Salinen nisten. Das Areal steht unter Naturschutz. *Mo–Fr 8–18, Sa 10–18 Uhr | Eintritt 1 Euro | vom Zentrum aus den Schildern folgen | Tel. 0596 2 53 44 | saltmuseum.bg*

ESSEN & TRINKEN

BARBUT

Unter anderem drei Dutzend Speisen mit Fisch und Meeresfrüchten stehen auf der Karte des traditionellen Familienrestaurants. *Palamud* (Bonito) vom Grill und gebratener *kalkan* (Rochen) sind absolute Klassiker. Ebenso der knusprige *safrid* (Stachelmakrele). *Aheloj 14 | Tel. 089 9 15 86 72 | short.travel/bus49 |* €€

BIRARIA SVETI NIKOLA

Boutique-Bierkneipe mit gemütlichem Ambiente. Bestellen Sie wie ortsüblich Ihr Bier zusammen mit Pommes, fein bestreut mit geriebenem weißen Schafskäse. *Ribarska 7a | Tel. 089 8 48 68 17 | €*

IZBATA (ALTER WEINKELLER) ★

Am südlichen Ortseingang liegt im Hotelkomplex Via Pontica die 1932 errichtete Weinkellerei von Pomorie mit eigenem Verkostungssaal. Sie ist berühmt für die Sorten Pamid, Dimiat, Grand Noir, Merlot und Cabernet Sauvignon und stellt den besten bulgarischen Weinbrand her, Black See Gold. Wer an Verkostungen teilnehmen möchte, sollte Zeit einplanen und vorher nichts gegessen haben, denn es gibt reichlich. Je zwei Sorten Rot- und Weißwein sowie Weinbrand gehören zum Verkostungsprogramm, dazu gibt es Mineralwasser, Brot und Käse. Abends herrscht eine tolle Atmosphäre: Im Garten wird gegrillt und Livemusik gespielt. Nicht verpassen: den Rundgang durch den Weinkeller mit riesigen alten Fässern. *Izbata | im Via Pontica Resort | Tel. 0596 2 96 00 | www.bsgold.bg | Verkostung 7 Euro, Abendprogramm 12 Euro*

Kloster Sveti Georgi: Nicht nur himmlische Schnäpse werden hier produziert

AM ABEND

DANCE CLUB MESSALINA

Die Bar liegt direkt am Meer und ist tagsüber ein beliebtes Café. Am späten Abend verwandelt sie sich zu einem Club mit aktuellem Latin-House zum Grooven. *Bar tgl. 9–2 Uhr, Diskothek tgl. 23–4 Uhr | bul. Javorov 15*

ÜBERNACHTEN

GRAND HOTEL POMORIE ●

5-Sterne-Haus mit ausgezeichneten Spa-Angeboten. Unmittelbar am salzigen See gelegen. Der Heilschlamm wird direkt aus dem Wasser in die Behandlungsräume gepumpt. Über eine Brücke gelangen

Sie zum Strand oder Sie schwimmen in einem der drei Hotelpools. Unter ärztlicher Aufsicht werden Fangopackungen, Magnet- und Lasertherapien angeboten. *154 Zi. | 21 Apts. | Profesor Stojanov 5 | Tel. 088 9 20 66 66 | www.grandhotelpomorie.com* | €€€

INTERHOTEL

Das 1976 errichtete und international beliebte Kurhotel wurde modernisiert mit neuem Bettenkomplex nebenan. Wegen des Schwimmbads und der gelobten Schlammbehandlungen ist das Haus konstant im Jahr recht gut besucht. *235 Zi. | 15 Apts. | bul. Javorov 3 | Tel. 0596 2 44 40 | www.interhotelpomorie.com* | €€€

HOTEL MANZ

Das Hotel liegt nahe dem Yachthafen. Mit gemütlich eingerichteten Zimmern, großen Terrassen, Pool auf dem Dach. *12 Zi. | 3 Apts. | Knjaz Boris I. 1 | Tel. 088 6 97 34 24 | www.hotel-manz.com* | €

SAINT GEORGE

Ganzjährig geöffnetes, kinderfreundliches Haus. Wenn Sie hier Gast sind, kommen Sie in den Genuss von Schlammkuren sowie der ausgezeichneten Fischküche. *46 Zi. | 14 Apts. | bul. Javorov 15 | Tel. 0596 2 44 11 | www.st-george-bg.info* | €€

AUSKUNFT

INFOZENTRUM

Solna 15 | Tel. 0596 2 22 78 | www.pomorie.com

ZIELE IN DER UMGEBUNG

ANTIČNA GROBNICA (SPÄTANTIKES KUPPELMAUSOLEUM) ★

(129 E3) (*🗺 E9*)

Rund 5 km westlich von Pomorie, an der Schnellstraße nach Slănčev brjag gegenüber dem Campingplatz Evropa, liegt das einmalige antike Kuppelgrabmal *Kuhata Mogila* – mitten in einem Versuchsgarten

Wie ein riesiger Pilz mit Stiel und Kappe: das antike thrakische Kuppelgrab

der Bulgarischen Akademie der Wissenschaften. „Hohler Hügel" bedeutet sein bulgarischer Name und beschreibt damit treffend die außergewöhnliche Anlage des Grabmals, das im 2. oder 3. Jh. vermutlich für eine thrakische Herrscherfamilie gebaut wurde. Eine mächtige Säule in der Mitte trägt die Grabkuppel – wie ein Riesenpilz seine Kappe. Das auf der Balkanhalbinsel einzigartige Mausoleum beherbergt die Urnen einer reichen Familiendynastie aus dem alten Anhialo, heute Pomorie. *Di–So 9–18 Uhr | Eintritt 1 Euro*

INSIDER TIPP WEINKELLEREI BOIAR

(129 E3) (*F9*)

Von der südlichen Ausfahrt Pomories in Richtung Burgas sind es nur 2,5 km bis zum neuen, mit EU-Fördermitteln errichteten Ökoweinhaus, das Reben aus der Region verarbeitet. Eine kleine Kostprobe reicht man Ihnen gern umsonst, die professionelle Weinverkostung mit fünf verschiedenen Weinen und entsprechenden Beilagen inkl. Besichtigung der Weinkeller ist kostenpflichtig (5 Euro). *Weinladen tgl. 8–12.30 und 13–20 Uhr | Restaurant 8–20 Uhr | Tel. 0596 2 24 20 | vinarskaizba.com | Führungen (Englisch) und organisierte Weinproben nach Absprache*

SINEMOREC

(129 F5) (*F11*) **Das kleine Örtchen an der Veleka-Mündung (400 Ew.) lag bis zur Wende im militärischen Sperrgebiet. Heute genießen Sie hier die Natur.**

Viele DDR-Bürger versuchten vor 1989 von Sinemorec aus zu Land oder zu Wasser die Türkei und den Westen zu erreichen. Der heute durch neue Ferienwohnungen und Hotels schnell wachsende Ort hat drei herrliche Strände, von denen einer bis an die Flussmündung heranreicht und als schmale Nehrung Süß- und Salzwasser trennt. Angler schätzen die reiche Auswahl an Süßwasser- und Meeresfischen. Sehenswert ist die *Georgskirche* im Zentrum, eine kleine Kapelle im Stil des typischen Strandža-Hauses. Infos unter *www.sinemorec.com*

ESSEN & TRINKEN

VILLA PHILADELPHIA

Gute Küche mit viel Fisch wird im Restaurant der gleichnamigen Ferienanlage zwischen Ort und Strand serviert. *Tel. 088 4 75 65 77 | www.villaphiladelphia.com | €*

FREIZEIT & SPORT

WANDERN IM NATURRESERVAT

Gut ausgeschilderte Wander- und Radwege führen Sie durch das an Sinemorec grenzende Naturschutzgebiet. Bootstouren und Honigverkostungen bei Imkern im Strandža-Gebirge organisiert **INSIDER TIPP** *Veleka Tour* (*Tel. 089 8 50 30 30 | velekatour@abv.bg*). Das Unternehmen vermietet auch Kanus und Fahrräder.

ÜBERNACHTEN

CASA DOMINGO

Im spanischen Stil gestaltete Anlage mit Pool und romantischen Restaurant-Separees unter schattigen Weinblättern. *38 Zi. | 7 Apts. | Veleka 12 | Tel. 0590 6 60 93 | www.casadomingo.info | €€*

ZIELE IN DER UMGEBUNG

CARSKO KLADENČE (ZARENQUELLE)

(129 F5) (*F11*)

Von der ★ *Veleka-Mündung* fahren Hotelboote den Fluss aufwärts. Die Reise führt Sie durch das Dickicht der Wälder bis hinauf zur Quelle *Carsko kladenče*. Dort, wo Zar Boris III. gern auf Jagd ging, legen Sie eine Picknickpause ein, bevor die Passagiere die Rückfahrt antreten. Naturfreunden schlägt das Herz höher: Sie können in der Umgebung die seltene gelbe Wasserlilie bewundern und mehr als 30 geschützte Fischarten entdecken. Zu Fuß lässt sich die Schönheit der Natur am Flusslauf auch erkunden. *Dauer ca. 3,5 Std. 15 km*

Ein Naturerlebnis: Boot mieten und flussaufwärts Urwälder gucken

INSIDER TIPP NATURSCHUTZGEBIET SILISTAR (129 F5) (*F11*)

Zwischen Sinemorec und Rezovo erstrecken sich 773 ha Naturreservat. Das ehemalige Sperrgebiet ist ideal zum Wandern und Radfahren und hat einen ausgezeichneten, goldfarbenen Strand, einen Puderzuckerstrand! Silistar gilt als einer der besten Surfplätze der Küste. Auch für Schwimmer ist der Ort ideal, da der Meeresgrund hier nur langsam tiefer wird. Taucher und Schnorchler sollten allerdings vorsichtig sein, da um die vielen Unterwasserhöhlen oft unerwartet starke Strömungen entstehen können. Die Zugvogelstrecke Via Pontica führt über dieses Reservat, das sich wegen der hohen Feuchtigkeit durch reiche biologische Vielfalt auszeichnet. Mit Unterstützung des Fürstentums Monaco wurde der Naturpark gekennzeichnet und auch in Englisch ausgeschildert, sodass Sie hier bestens orientiert sind.

REZOVO ★ (129 F5) (*F11*)

Das gerade mal 64 Ew. zählende Dörfchen liegt an der Mündung des Flusses Resovska, der die Staatsgrenze zur Türkei bildet. Wie das 11 km entfernte Sinemorec einst im Sperrgebiet gelegen, hat sich Rezovo eine gewisse Ursprünglichkeit bewahrt. Etwa 3 km vor der Dorfeinfahrt steht ein Grenzposten am Stacheldraht, der Ihre Personalien notiert. Den Reisepass unbedingt mitbringen! Eine geeignete Alternative zum Übernachten ist das Familienhotel *Rezovo (12 Zi. | 2 Apts. | Tel. 088 7755618 | www.rezovo.com | €)*. Außer der Kaserne gibt es in dem winzigen Dorf einige Villen betuchter Sofioter. Im *Restaurant Panorama (Tel. 088 7888483 | €)* schauen Sie bei einem guten Gericht auf die Bucht, die bereits von türkischen Grenzposten bewacht wird. Das Restaurant vermittelt übrigens auch Privatquartiere.

SLĂNČEV BRJAG (SONNEN-STRAND)

(129 E2) (*E8*) **Der Sonnenstrand ist so etwas wie das Las Vegas des Ostens. Entlang der Uferpromenade entstehen wie am legendären Strip gewaltige Hotelanlagen, künstliche Seen, Kopien berühmter Architekturdenkmäler, kitschige Piratenschiffe und Schlösser mit unzähligen Türmchen.**

Über den ästhetischen Aspekt dieser Gigantomanie lässt sich streiten. Doch Slănčev brjag ist wahrhaftig ein sonniger Strand: Goldgelbe Dünen erstrecken sich entlang der großen Bucht, begrenzt von grünen Wäldern und steilen Gebirgshängen mit märchenhaftem Ausblick auf die wie im Wasser schwimmende Halbinsel Nesebăr. Kaum zu glauben, dass noch bis Ende der 1950er-Jahre das gesamte Gebiet zwischen Kap Emine und Nesebăr unbewohnt war. Sümpfe mit riesigen Mückenwolken beherrschten die Landschaft. Mehr als 5000 Igel wurden in ganz Bulgarien gefangen und zur Vernichtung der Schlangen eingesetzt. Erst dann begannen die Bauarbeiten. Inzwischen ist die frühere Wildnis zum repräsentativsten und größten Ferienort der Küste geworden mit über 200 Hotels. Die Dimension dieses gigantischen Kurorts erfasst man am besten von der Meeresseite. Nehmen Sie eines der Shuttleboote *(alle 30 Min. | 5 Euro pro Fahrt)* von der Anlegestelle im Zentrum des Komplexes zum Hafen der Altstadt von Nesebăr. Vor ihren Augen eröffnet sich das spektakuläre Panorama der kilometerlangen Skyline von Slănčev brjag.

ESSEN & TRINKEN

HANSKA ŠATRA

Das Folklorelokal bietet einen ausgezeichneten Blick über das Meer und den gesamten Sonnenstrand. *Nördl. des Seebads auf einem Hügel | am besten per Bus oder Taxi | Tel. 0554 22811 | hanska-shatra.com* | €€€

MORSKA ZVEZDA

Das Lokal liegt gut: im Zentrum und direkt am Strand. Serviert wird Ihnen internationale und bulgarische Küche. Jung und Alt, Bulgare und Tourist treffen sich hier. Abends gibt es Livemusik. *Tel. 088 8772107* | €

PACO'S PLACE

„Aus alt mach neu" heißt die Devise der Kultkneipe am nördlichen Sonnenstrand. Der ehemalige Surflehrer Paco sammelte Baureste und ans Ufer gespülte Objekte, die er liebevoll in ein Bistro verwandelte. Leckere Salate und vorzügliches Fleisch vom Holzkohlegrill werden hier aufgetischt. Beliebter Treffpunkt der britischen Auswanderer. *Kurz vor Elenite gegenüber Komplex Privilege | Tel. 088 8727119 | short.travel/bus50* | €€

RAFAELO

Gut besuchtes und preiswertes italienisches Restaurant in einem großzügig errichteten Holzbau neben dem Hotel Vitoša. Mit schattiger Terrasse. *Tel. 088 5006231* | €

INSIDER TIPP VARVARI

Bei den „Barbaren" warten Sie vergeblich aufs Besteck, es wird keines serviert. Alles wird hier mit den Fingern gegessen, die Melonen werden sogar – echt barbarisch – mit einem Schwert geköpft. *An der Straße zwischen Nesebăr und Ravda | Tel. 088 8305895* | €€

FREIZEIT & SPORT

PA KUA CENTER

So entspannen Sie richtig: Chi Kung oder Tai Chi, Yoga, Meditation und Pilates im Designhotel. Weiter geht's im stylischen Spa- und Wellnessbereich mit Ayurveda und Aromatherapie. *Pilates 7 Euro/Std. | myihotel.com*

REITSCHULE SIMEON VELIKI

Romantische Ausritte über den Balkan, Zwei Tage ans Kap Emine oder einfach Training auf Meeressand. Die Reitschule verfügt über 22 Boxen mit Pferden der lokalen ostbulgarischen Rasse. Trainer und Jockeys sind zertifiziert. *Ausritt 30 Euro/Std. | www.bakt.bg/en/Simeon Veliki.html*

SURFEN

Das südliche Ende des Strands von Slănčev brjag gilt als Hawaii des Balkans. Nicht zuletzt wegen des Trainers Lozan Mitev, der außerhalb der Saison an der Sportakademie in Sofia unterrichtet und seit Jahren die lokale Surferszene prägt. Buchung von Kursen und Equipment-Verleih über *www.surf schooltortuga.com*

AM ABEND

CACAO BEACH

Tanzen am Strand. House und Techno werden von bulgarischen und internationalen DJs aufgelegt. Dancefloor ist der Sand. *Am alten Fregattenschiff | www. cacaobeach.bg*

CASINO PLATINUM ●

American Roulette, Black Jack, Holdem Poker, Caribbean Poker und alles, was ein Spielerherz begehrt. Das Casino ist großzügig direkt am Strand gebaut. *April–Dez. tgl. rund um die Uhr | am alten Fregattenschiff | Tel. 0554 2 23 11 | www. platinum.bg*

DISKO FOLK CLUB LAZUR

Der Laden behauptet von sich, erster bulgarischer Mixclub zu sein, und gehört zu demselben Komplex wie der ebenso angesagte Club Lazur: Die Tanzflächen sind miteinander verbunden. *Tel. 087 9 05 30 07 | www.facebook.com/Dance ClubLazur*

ELEPHANT

Strandbar im Beduinenzelt direkt zwischen den Dünen. Gespielt wird *world music*, abends wird das Lokal zum Club.

INSIDER TIPP LIVE CLUB ICEBERG

Der Club ist spezialisiert auf bulgarischen Pop und Rock. Internationale Hits kommen live auf die Bühne. Hier treffen sich alle, die Čalga nicht mögen. *Neben dem Hotel Alba | iceberg@disco.bg*

MANIA

Top-Adresse für Čalga-Musik! Liebhaber (und Neugierige) kommen garantiert auf ihre Kosten. Ein zweiter Saal bietet englischen House and Dance. *An der Straße nach Sveti Vlas | www. facebook.com/clubmania.sunnybeach*

ÜBERNACHTEN

INSIDER TIPP HOTEL BOR

Mit dem Nachbarn Urlaub machen: Vorwiegend deutsche Touristen genießen hier ausgezeichnete Küche und deutschsprachige Betreuung. Das Clubhotel ist stolz auf mehrere internationale Auszeichnungen. *177 Zi. | 7 Apts. | Tel. 0554 2 38 52 | www.borhotel-bg.com* | €€€

CORSICA APARTMENT COMPLEX

Etwas abseits vom Trubel an der Promenade gelegen, aber keine Sorge: Der

Der Sonnenstrand lädt in seinen Beach Bars zum bulgarischen dolce vita ein

Weg zum Strand ist noch kurz genug! Die Apartments sind komplett mit Kochküchen zur Selbstverpflegung ausgestattet. *26 Zi. | 6 Apt. | im Norden des Kurorts nahe E 87 | Tel. 088 8218468 | hotel-corsica.net | €*

HOTEL DUNAV

Renoviertes 3-Sterne-Hotel in günstiger Lage zwischen Strand und Alt-Nesebăr. *150 Zi. | 10 Apts. | Tel. 0554 22170 | www.hotel-dunav.com | €€*

HELENA RESORT

Die beste Anlage der südlichen Küste, mit dem 5-Sterne-Hotel *Helena Sands* und dem 4-Sterne-Hotel *Helena Park*. Im Garten des einem Kloster nachempfundenen Komplexes bewundern Sie Kopien der bekannten Adler- und Löwenbrücke in Sofia. *232 Zi. | Tel. Helena Sands 0554 20010 | Tel. Helena Park 0554 20020 | www.helenaresort.com | €€€*

AUSKUNFT

Hotel Globus | Tel. 0554 28915 | www.sunny-beach.com

ZIELE IN DER UMGEBUNG

BANJA (129 F2) (*E8*)

Ins Dorf Banja (an der E 87 vor Obzor) kamen sie früher alle: wegen seiner Heilquellen war es sehr beliebt. Vom einstigen Glanz ist nichts mehr übrig: Seit das Mineralwasser versiegt ist, stehen die meisten Häuser leer. Ein Spaziergang durch das lang gestreckte Banja *(Bad)* sollten Sie sich dennoch nicht entgehen lassen. Sie kommen an alten bulgarischen Bauernhäusern und Höfen vorbei, die Sie sonst in den von Urlaubern belagerten Orten nicht mehr sehen. Die fast verschlafene Atmosphäre ist eine angenehme Abwechslung zum Trubel an der Küste. *14 km*

IRAKLI (129 F2) (*🗺 F8*)
Das geschützte Gebiet gilt als einer der INSIDER TIPP schönsten Strände der Küste. Weicher, goldfarbener Sand trennt das Meer vom dichten, schattigen Wald, in dem Besucher ihre Zelte und Camper aufstellen. Das von FFK-Liebhabern bevorzugte Areal ist bisher von jeglicher Urbanisierung verschont geblieben. Es gibt kaum Infrastruktur, einige Bungalows aus sozialistischen Zeiten werden vermietet. Natürlich gibt es auch Pläne, Irakli touristisch zu erschließen, doch konnten Umweltschützer zum Glück diese bislang verhindern. *25 km*

INSIDER TIPP NOS EMINE (KAP EMINE) (129 F2) (*🗺 F8*)
Am Kap Emine stürzen die Ausläufer des Balkangebirges 60 m tief ins Meer. Der Weg dorthin ist unbeschildert, der Abzweigung nach Irakli folgt nach ca. 2 km eine weitere Abzweigung nach rechts, die über eine äußerst schlechte Straße nach etwa 6 km zum Meer führt. Schon von Weitem ist der Leuchtturm auf dem hohen Felsen zu erkennen. Unter dem steilen Gipfel Sveti Ilia (366 m) liegt das 25-Seelen-Dorf *Emona*, das im Sommer seine Bewohnerzahl mächtig aufstockt. Dann kommen die Intellektuellen, Geschäftsleute und Politiker aus Sofia und ziehen sich zur Sommerfrische hinter die hohen Mauern ihrer Luxusvillen zurück. Die hiesige Radarstation der Marine soll zum Nato-Stützpunkt ausgebaut werden. Das Kap sei ideal für die zentrale Überwachung des gesamten Schwarzmeerraums. *25 km*

OBZOR (129 F2) (*🗺 F8*)
Obzors (1970 Ew.) phantastische Lage am östlichen Fuß des Balkangebirges, das hier in einer sonnigen Bucht endet, ist bisher von ausländischen Touristen weitgehend unentdeckt geblieben. In der Antike hieß der Ort Heliopolis – „Sonnenstadt". Ein großes Kinderferienlager mit Freilichttheater und Sportplätzen prägt den Ort. Gut wohnen lässt es sich im *Casablanca Apart Hotel (151 Zi. | 13 Apts. | Tel. 088 4 00 41 41 | www.casablanca-obzor.com | €€)* am rechten Ufer des Flusses Dvoijnitsa. Die Anlage ist nur 50 m vom Strand entfernt und bietet ein Spa und orientalisches Dampfbad. *35 km*

RAVDA (129 E3) (*🗺 E9*)
In Ravda lagen einst die Schiffswerften des antiken Nesebärs. Der Badeort (2500 Ew.) mit dem schönen Strand liegt am gleichnamigen Kap, 5 km vom Sonnenstrand entfernt. Der Tourismusboom der Nachwendzeit bescherte dem Ort zahlreiche neue Familienhotels und Gästehäuser, sodass die Grenze zur Neustadt von Nesebär inzwischen kaum zu erkennen ist. Nach wie vor tummeln sich hier vor allem bulgarische Urlauber. Die zahlreichen Kinderferienlager und Betriebsferienheime des Sozialismus sind im Sommer wegen der günstigen Preise immer noch fast restlos belegt.

SVETI VLAS (129 E2) (*🗺 E8*)
Sveti Vlas (4000 Ew.) ist die preiswerte Alternative zum Sonnenstrand mit vielen kleinen Hotels und Privatquartieren. Gut situierte Bulgaren und Briten pflegen hier die warmen Sommermonate in privaten Apartments zu verbringen. Auch Deutsche haben hier bereits in Eigentumswohnungen mit Meerblick investiert. Der schöne Badestrand liegt in einer geschützten Bucht nahe dem neuen Yachthafen *(short.travel/bus55)*. Sveti Vlas und Sonnenstrand sind inzwischen fast zusammengewachsen und leicht zu Fuß oder per Rad zu erkunden *(www.svetivlas.info)*. Ein Besuchermagnet sind die oft stattfindenden Mode-

schauen und Oldtimer-Ausstellungen. Der Yachthafen ist der einzige entlang der Küste, der mit einer Blauen Flagge gekürt wurde. *3 km*

SOZOPOL

KARTE AUF SEITE 131

(129 E4) (*E9*) **Was die romantische Atmosphäre betrifft, steht ★ Sozopol (5300 Ew.) Nesebăr in nichts nach.** Auch Sozopol liegt auf einer felsigen Halbinsel, auch hier steht der alte Stadtkern unter Denkmalschutz. Gut erhaltene Schwarzmeerküstenhäuser mit ihren hervorragenden Erkern, gepflegte Gärten mit Zypressen und Feigenbäumen sowie umherspazierende Katzen prägen das Bild. Im Hafen dümpeln malerisch weiß-bunte Fischerboote. Lediglich die kopfsteingepflasterten, engen Gassen Sozopols kosten den Besucher ein wenig mehr Mühe als die Nesebărs – sie sind steiler.

Sozopol hat von jeher eine besondere Anziehungskraft vor allem auf Studenten, Künstler und Intellektuelle ausgeübt. Das ist bis heute so geblieben. Zum traditionellen Festival der Künste *Apollonia* jedes Jahr Anfang September z. B. trifft sich in dem malerischen Städtchen alles, was in der zeitgenössischen bulgarischen Kulturwelt Rang und Namen hat, von der Klassik bis zum Pop. Die Neustadt ist vergleichsweise trist, beherbergt aber jede Menge Urlauber, die sich an Sozopols schönen Stränden oder in der Altstadt tummeln.

SEHENSWERTES

ARCHEOLOGIČESKEI MUZEJ (ARCHÄOLOGISCHES MUSEUM)

Die Sammlung des Museums wartet mit Funden aus der griechischen Ära auf.

Da werden Maler schwach: Boote im Abendlicht am Strand von Sozopol

Hier sind hellenistische Vasen, ionische Keramiken und Plastiken, Amphoren, antike Anker sowie eine Werkstatt für Sgraffito-Keramik aus dem 12. Jh. ausgestellt. Im Musem erhalten Sie – falls Sie besichtigungssüchtig sind – auch die Schlüssel für viele Kirchen in der Altstadt. *Tgl. 8–17 Uhr | Eintritt 3,50 Euro | Han Krum 2*

HRAM SVETI ZOSIM (KAPELLE SVETI ZOSIM)

Schöner kleiner Bau aus dem 19. Jh. gegenüber dem Busbahnhof vor der Altstadt. Der Märtyrer Zosim gilt als Schutzpatron der Stadt. Neben dem schattigen Garten, in dem die Kapelle steht, wird auch anderes geboten: Eines der kostbarsten Schätzen des Gotteshauses ist die Ikone des namhaften Künstlers Dimitar aus Szopol. *Ulitsa Apolonia*

ESSEN & TRINKEN

INSIDER TIPP ANTICEN KLADENETS

Jazz & Dine im beliebten Szenelokal am römischen Brunnen. Die Besitzerin Hilda Kazasjan ist eine berühmte bulgarische Jazz-Interpretin armenischer Herkunft. Die Speisekarte würdigt ihre Wurzeln entsprechend. Eine besondere Empfehlung ist die süße Wurst zum Nachtisch. *Kiril i Metodij 35 | Tel. 088 9 30 09 00 |* €€

LA MAISON

Ein Navi für das gute Leben will dieses anspruchsvolle Lokal sein, das in den Sommermonaten und vor allem während des Apollonia-Festivals Intellektuelle anzieht. Das Ambiente ist beliebtes Motiv für bulgarische Modefotografen. Schicke Models und Chefredakteure angesagter Magazine finden es hier besonders schön. *Am Hafen | Tel. 089 9 30 09 00 | short.travel/bus42 |* €€€

PRI HUDOŽNIZITE (BEI DEN MALERN)

Ein Muss in Sozopol: Das frühere Restaurant des Verbands bildender Künstler genießt auch heute noch Kultstatus. Wegen der guten Küche, des Blicks auf das Meer und nicht zuletzt natürlich auch wegen des illustren Publikums. *Kiril i Metodij 72 | Tel. 087 8 65 01 60 | arthotel-sbh.com |* €€

SVETI KIRIK

Fisch- und Meeresfrüchte müssen Sie schon lieben, wenn Sie in dieses familiäre Restaurant kommen. Sie sitzen gemütlich unter Feigenbäumen auf der schattigen Terrasse mit Blick auf das Schwarze Meer. *Krajbrežna 5 | Tel. 088 5 91 76 56 |* €€

EINKAUFEN

GALERIA LASKARIDI

Die Galerie ist ein attraktives Kunstgewerbegeschäft in der Altstadt Sozopols. Neben Bildern mit maritimen Motiven und Holzschnitzereien können Sie hier Schmuck und Keramik sowie Ikonen kaufen. *Tgl. 10–22 Uhr | Kiril i Metodij 19*

FREIZEIT & STRÄNDE

DIVING BG

Die Tauchschule am Yachthafen ist etwas für Anfänger und Fortgeschrittene. Highlight ist der Besuch des versteinerten Walds zwischen nördlichem Ufer und Insel Sveti Ivan. In 20 m Tiefe liegen Hunderte von versteinerten Ahornstämmen mit 4 bis 5 m Durchmesser. Die Bäume wurden bei einer Naturkatastrophe zusammen mit dem Erdboden im Wasser versenkt. Zwischen ihnen lagern Tongefäße, Amphoren sowie Anker. *Marina Port | Tel. 088 6 16 61 99 | www.bg-diving.com)*

STRÄNDE

Zwei feinsandige Strände liegen zwischen der Alt- und Neustadt. Wenn Sie mehr wollen: Im Süden gibt es einen weiteren breiten Strand, genannt *Harmanite*, wo die große Wasserrutsche für Riesenfun sorgt. Cafés, Bars und kleine Restaurants zu moderaten Preisen liegen direkt am Wasser. Vom Hafen aus starten Ausflüge zu den lokalen Fjorden *(ca. 25 Euro)*.

AM ABEND

INSIDER TIPP ART & JAZZ CLUB MICHELLE

Akustischer Jazz von Feinsten: Bulgariens Stars, die noch echte Instrumente spielen, geben sich hier gern die Klinke in die Hand. Auch im Publikum verstecken sich meist Talente, die am klassischen Piano ihr Können im gemütlichen Ambiente präsentieren wollen. *Apolonia 39 | Tel. 088 9801120*

INSIDER TIPP KRÂGLIA BAR

Zu fortgeschrittener Stunde geht's noch einmal ans Meer. Am besten zur Beach Bar auf dem Sandstrand des südlich gelegenen Zeltplatzes Smokinja (Feige). Die Party dauert oft bis Sonnenaufgang, der von aromatischem Espresso begleitet wird. *Kamping Smokinja*

Bildschön drapiert: Im Künstlermekka Sozopol werden manchmal auch die Maler zum Motiv

MALKATA TEKILA

Es fällt schwer, ihr den Rücken zuzukehren: Die Kneipe „kleiner Tequila" ist die Adresse zum Tanzen (ohne Čalga). Hier werden unzählige Cocktails serviert. Für jene, die einen kühlen Kopf bewahren wollen: Café frappé mit frischem Himbeeren ist ein Renner. *Im Stadtpark*

MARINATA
Wenn sie im Fischerhafen sind, sehen Sie am nördlichen Ende der Uferpromenade Krajbrežna den schmalen Steg, der zu dem für die Öffentlichkeit gesperrten Militärstützpunkt der bulgarischen Marine führt. Auf ihm steht ein großes weißes Zelt mit einer Bar, an der sich die Musiker gern nach ihren offiziellen Gigs zur Afterparty mit Fans treffen und weiterspielen.

ÜBERNACHTEN

CAMPING GRADINA
Dieser Zeltplatz ist wahrhaftig ein Garten (bulg. *gradina)* und mit Abstand der gepflegteste an der ganzen Küste. Wer in der ersten Reihe am Meer campen will, muss bereits im Februar reservieren. Die Sanitäranlagen sind modernisiert. Es gibt viele Schatten spendende Bäume, einen kilometerlangen Sandstrand und zahlreiche Lokale mit guten Preisen. *Platz für bis zu 400 Zelte und 250 Campingwagen | südlich von Černomorec | Tel. 088 8778828 | www.campinggradina.com | €*

VILLA LIST
Nur wenige Meter vom Strand in der Neustadt gelegenes, freundliches Familienhotel mit Pool. *50 Zi. | Jani Popov 5 | Tel. 0550 22235 | www.hotellist-bg.com | €€*

AUSKUNFT

INFORMATIONSZENTRUM
Tgl. 9–22 Uhr | Republikanska 1 (Hauptplatz) | Tel. 0550 22208 | www.sozopol.com

ZIELE IN DER UMGEBUNG

ALEPU NATIONALPARK
(129 E4) (*🕮 E10*)
Das Lagunensumpfgebiet Alepu grenzt unmittelbar an das Urlaubsareal Djuni. Das einmalig schöne Naturreservat lockt mit reichem Schilf- und Sumpfpflanzenwuchs sowie zahlreichen seltenen Vogelarten. Wenn der Wasserstand im Sommer niedriger ist, teilt sich der Sumpf in zwei Teile und kann INSIDER TIPP ausgezeichnet bewandert werden. Sehenswert sind auch die Fjorde am Kap Agalina in nördlicher Richtung, die gleichfalls unter Naturschutz stehen. *6 km*

ČERNOMOREC (129 E3) (*🕮 E9*)
In dem verschlafenen Fischerdorf (2250 Ew.) vergessen Sie den Rummel von Burgas und Sonnenstrand komplett. Der winzige *Hafen* und die Kirche *Sveti Nikola* sind (fast) die einzigen Sehenswürdigkeiten des ruhigen Orts. Hier relaxen vor allem Jugendliche und die Älteren mit kleineren Budgets in den preiswerten Privatquartieren. Lustig sind die ge-

genüber dem Kap Ativolo versunkenen schwarzen Felsen, die von den Locals *Bivolite* (Büffel) genannt werden, weil sie wie diese mächtigen Tiere aussehen. *10 km*

INSEL SVETI IVAN (129 E3–4) (*🗺 E9*)
Nördlich von Sozopol liegt die Insel Heiliger Ivan. Ihr Leuchtturm von 1884 markiert den südlichen Eingang der Bucht von Burgas. Archäologische Funde aus den letzten Jahren lassen vermuten, dass im Klosterkomplex der Insel Gebeine Johannes des Täufers begraben wurden. Im menschenleeren Vogelparadies haben Sie die Gelegenheit, die Sozopoler Muschelfarm aus der Nähe zu betrachten. Vom Hafen Sozopol aus fahren Segelboote *(ca. 8 Euro pro Pers./Std.)* auf die mit 660 ha größte Insel der Bulgarischen Schwarzmeerküste. *2 km*

KAVACITE (129 E4) (*🗺 E9*)
Der Traumstrand liegt an einer großen sandigen Bucht. Eine noch heute sprudelnde Süßwasserquelle wurde schon im Altertum kommerziell genutzt. Ein Spaziergang in das ausgeschilderte Naturschutzgebiet *Pjasačna lilija* („Sandlilie") lohnt. Seit 1962 wird in dem Areal die seltene Lilie geschützt und gepflegt. *6 km*

KITEN (129 E4) (*🗺 E10*)
Das kleine Fischerdorf liegt auf einer von zwei Meeresbuchten begrenzten Halbinsel. Im Altertum lag auf dem Kap die römische Festung Urdovisa, deren Reste noch heute zu sehen sind. Die Wälder des Strandža-Gebirges reichen hier bis an die zwei Sandstrände *Atliman* und *Urdovisa* heran. Am Strand von Atliman (Hengstbucht) soll die schöne Bulgarin Stana mitsamt ihrem Pferd vor Erschöp-

Karibikflair in Kiten: Cocktail in die Hand und sich treiben lassen

Durchs Naturreservat: Auf dem Ropotamo kommt Amazonasfeeling auf

fung gestorben sein, nachdem ihr der Sultan als Gegenleistung für ihre Hand Steuerfreiheit für ein von ihr innerhalb eines Tages umrittenes Gebiet versprochen hatte. Den phantastisch zubereiteten Fisch im *Restaurant Smokinja (Urdoviza 20 a | zwischen den Stränden | Tel. 088 9 57 26 27 | short.travel/bus43 | €)* sollten Sie sich keinesfalls entgehen lassen. Das komfortable *Hotel Kontinental (Krajmorska 4 | 11 Zi. | 4 Apts. | Tel. 0550 3 61 31 | www.kiten-hotelcontinental.com | €€)* organisiert Ausflüge zum Fluss Ropotamo und bietet Reitmöglichkeiten. *33 km*

PRIMORSKO (129 E4) *(🗺 E10)*

Zu sozialistischen Zeiten galt Primorsko (3650 Ew.) als das Ferienparadies des Ostens. Heute wirkt es ein bisschen einfach und altmodisch – gemessen an den neonbeleuchteten Bettenburgen anderer Küstenorte. Der Streifen zwischen Primorskos Nordstrand und der Lagune Stamopolu vor der einstigen Regierungsresidenz Perla bildet eine der am besten erhaltenen ● Dünenlandschaften an Bulgariens Küste. Die mit seltenen Pflanzen bewachsenen Sandhügel erreichen bis zu 19 m Höhe und sind Lebensareal von bedrohten Tieren. Wegen der günstigen Preise kommen viele bulgarische Jugendliche hierher, die für ein ansehnliches Nachtleben sorgen. Doch die neuen Zeiten verschonen auch Primorsko nicht: Das frühere Jugendzentrum, in dem vor der Wende Tausende Jugendliche ihre Ferien verbrachten, ist heute privatisiert. Der im schattigen Wald versteckte Komplex wird von den Betreibern des Ferienorts Albena modernisiert und ausgebaut. In unmittelbarer Nähe entstand ein Flughafen für Kleinflugzeuge und Privatjets. Infos unter *www.primorsko-bg.com. 30 km*

ROPOTAMO ★ (129 E4) *(🗺 E10)*

Das Mündungsdelta des Ropotamo, einst Jagdrevier von Staatschef Todor Živkov,

ist heute ein traumhaftes Naturreservat. Bis zu 50 m breit und 4 m tief ist der Ropotamo, bevor er ins Meer mündet. Wenn Sie am Ufer entlanggehen oder auf dem Fluss mit dem Boot tuckern, können Sie was erleben! Der dichte Auenwald am Unterlauf des Flusses ähnelt einem pittoresken Urwald: Seltene Schlinggewächse gedeihen neben witzigen Steinformationen („Löwenkopf", „Lustiger Felsen"). Fallen Ihnen noch schönere Namen für die interessanten Formen ein?

Im und am langsam dahinfließenden Wasser leben etliche seltene Tierarten wie Fledermäuse, Wasserschildkröten sowie Seeadler. Seltene Wasserlilien, heilender Strand-Beifuß sowie gelbe Teichrosen prägen die Landschaft. Die gemütliche Bootsfahrt führt in der Regel auch zur gegenüber der Mündung im Meer liegenden Schlangeninsel, so genannt wegen der vielen Wasserschlangen, die dort leben. Links und rechts der E 78 gibt es je eine Anlegestelle. *Die ca. 40-minütige Bootsführung kostet 5 Euro. Schattiger Parkplatz | www.ropotamobg.com. 20 km*

VOGELS BOXENSTOPP

Entlang der Bulgarischen Schwarzmeerküste verläuft die *Via Pontica*, eine der wichtigsten Zugvögelrouten der Welt. Millionen Vögel nehmen jedes Jahr diese „Straße", um vom Norden Europas in den Süden zu gelangen. Auf ihrem Weg in die Winterquartiere haben sie ihre festen Raststätten an der Schwarzmeerküste. Eine der wichtigsten liegt rund 11 km nördlich von Černomorec im Naturreservat *Čengene-Skele*. Denn dieses Feuchtbiotop bietet den Tieren ideale Rastbedingungen.

Der Verein zum Schutz der wilden Vogelarten hat in dem Reservat das *Besucherzentrum Poda (tgl. 9–19 Uhr | Eintritt 2 Euro | Tel. 056 50 05 60 | burgaslakes.org)* eingerichtet. Dort können Sie entweder von einer Aussichtsplattform herab oder gut verborgen im Schilfdickicht die ornithologische Vielfalt an der Küste hautnah erleben – Nacht- und Purpurreiher, Flussseeschwalben, Rothalstaucher, Stelzenläufer, Wespenbussarde, Grauschnäpper, Kormorane oder die seltenen Krauskopfpelikane.

● Im Rahmen der zweiwöchigen Umwelttage im September sind für alle Besucher Eintritt, Fernglasverleih sowie Informationsmaterial frei.

ERLEBNISTOUREN

1 DIE BULGARISCHE SCHWARZMEERKÜSTE PERFEKT IM ÜBERBLICK

START: ① Balčik
ZIEL: ⑮ Rezovo

Strecke:
→ 340 km

5 Tage
reine Fahrzeit
8,5 Stunden

KOSTEN: Mietwagen ab 25 Euro/Tag, Benzin 30 Euro, Übernachten 250 Euro/DZ, Essen & Trinken 250 Euro/Pers., Eintritte 40 Euro/Pers., Tauchen 50 Euro/Pers., Bootsfahrten 20 Euro/Pers.
MITNEHMEN: Windjacke, Badesachen, Sonnenschutz, Fernglas

ACHTUNG: Bootsfahrt in ① **Balčik** vorbuchen; ② **Kloster Arat Teke** Mo, Di geschl.; ⑮ **Rezovo** liegt im Grenzgebiet zur Türkei, Ausweise nicht vergessen

Sie wollen die einzigartigen Facetten dieser Region entdecken? Dann los! Noch einfacher wird es mit der Touren-App: Laden Sie sich die Tour über den QR-Code auf Seite 2/3 oder über die Webadresse in der Fußzeile auf Ihr Smartphone – damit Sie auch offline die perfekte Orientierung haben. Bei Änderungen der Tour ist die App auf dem neuesten Stand und weicht ggf. von den Erlebnistouren im Buch ab. In diesem Fall finden Sie in den Events & News (s. S. 2/3) die neueste Tour als PDF.

TOUREN-APP

→ S. 2/3

Erleben Sie die Vielfalt der Bulgarischen Schwarzmeerküste vom orientalischen Derwisch-Kloster in Obročište bis zu den zauberhaften Stränden im einstigen Niemandsland an der bulgarisch-türkischen Grenze bei Rezovo.

In ① **Balčik** → S. 38 starten Sie die Tour entspannt bei einer Bootsfahrt mit **Balčik Green View** *(Albenski păt 25 | Tel. 098 8 80 99 40 | balchikgreenview.com)*, die herrliche Aussichten auf die Felsen der Silberküste bietet. **Auf der E 87 geht es nach Obročište**, wo am Ende des Dorfs links das orientalische ② **Kloster Arat Teke** → S. 38 von der re-

TAG 1

① Balčik

16 km

② Kloster Arat Teke

4,5 km

3 Albena

23,5 km

4 Sveti Konstantin i Elena

8,5 km

5 Varna

TAG 2

ligiösen und ethnischen Toleranz der Einheimischen zeugt. **Auf der E 87 fahren Sie in den Kurort 3 Albena** → S. 33. Springen Sie am prächtigen Sandstrand in die Fluten! **Auf der E 87 erreichen Sie 4 Sveti Konstantin i Elena** → S. 47, die „Bulgarische Riviera", um bei einem Tauchgang mit **Deep Blue 2** *(Tel. 088 5 49 12 94 | info@diving-bg.com)* die Unterwasserwelt zu erkunden. Beschließen Sie den Tag beim vielfältigen Kulturangebot in **5 Varna** → S. 48.

Bulgariens teuerste Stadt verführt Sie mit dem Charme einer großen internationalen Hafencity. Genießen Sie bei einem Espresso im **Meeresgarten** → S. 50 den Duft der berühmten bulgarischen Rosenblüten, bevor es weitergeht. Lohnenswert ist ein Abstecher **von der E 87 links hinter dem Ort Bliznaci (den Schildern folgend) zum 6 Kamčija-Delta** → S. 55. An der Bootsanlegestelle steigen Sie in eines der Boote von **Bratoev** *(Tel. 088 7047680 | razhodkaslodka-kamchia.com)*, das Sie durch die Dschungelgewächse führt. Anschließend unbedingt die INSIDER TIPP leckere Fischsuppe in der kleinen Taverne **Kamčijska srešta** *(Tel. 089 6816003 | €)* probieren. **Die E 87 bringt Sie nach Bjala**, wo Sie in der Stadt über dem Meer den Tag im Hotel **7 Palazzo Byala** *(13 Zi. | 2 Apts. | Andrei Premyanov 29 B | Tel. 089 4704888 | palazzo-byala.com | €€)* ausklingen lassen.

Über die Ausläufer des Balkangebirges gelangen Sie nach 8 Nesebăr → S. 70 mit seinen unter Unesco-Schutz stehenden Kirchen und Wiedergeburtshäusern. **Auf der E 87 weiter Richtung Süden** erblicken Sie bald die Salinen von **9 Pomorie** → S. 74. Das **Salzmuseum** → S. 74 informiert Sie kurzweilig über die regionale Salzherstellung mit Sonnenkraft. Im **Grand Hotel Pomorie** → S. 75 neben dem Museum genießen Sie eine Behandlung mit dem salzigen Heilschlamm aus dem Pomorie-See. Hier übernachten Sie auch.

Über die E 87 geht's nach 10 Burgas → S. 61, wo Sie authentische bulgarische Silberschmiedekunst bei **Azarina Art** *(Konstantin Fotinov 29 | Tel. 088 5830036 | azarina-art.com)* erleben. **Kurz hinter Burgas führen links Schilder zum 11 Vogelzentrum Poda** → S. 89, in dem Sie sehr seltene Vogelarten der Schwarzmeerküste in ihrem natürlichen Umfeld beobachten. **Weiter geht es auf Landstraße 99 Richtung Süden.** Der Abschnitt zwischen Burgas und der Grenze zur Türkei gilt in den Sommermonaten als Tummelplatz der Künstler und Intellektuellen aus ganz Bulgarien. **12 Sozopols** → S. 83 Altstadt und insbesondere die vielen kleinen Kneipen rund um den beschaulichen Hafen versprühen das Flair zeitloser Lebensfreude. Bei gebratenem Fisch im Restaurant **Sveti Kirik** → S. 84 und beim Livejazz in einem der vielen Klubs genießen Sie den für die Südküste typisch entspannten Urlaub. Übernachten Sie im Hotel **Casa del Sol** *(11 Zi. | 3 Apts. | Odesa 14 | Tel. 088 7154441 | casadelsol.bg | €)*.

Von Sozopol geht es weiter entlang der Landstraße 99 nach Primorsko. Parken Sie Ihren Wagen am Straßenrand am nördlichen Ende des Strands. An der ehemaligen Re-

31 km
6 Kamčija-Delta
34 km
7 Palazzo Byala
TAG 3
47,5 km
8 Nesebăr
20 km
9 Pomorie
TAG 4
22 km
10 Burgas
12 km
11 Vogelzentrum Poda
35 km
12 Sozopol
TAG 5
31,5 km

⑬ Begliktaš

17,5 km

⑭ Lozenec

37 km

⑮ Rezevo

gierungsresidenz Perla vorbei geht es durch dicht bewachsenen Laubwald direkt zur Kultstätte ⑬ **Begliktaš** aus dem 14. Jh. v. Chr. – einem steinernen Komplex, der älter als Stonehenge sein soll. Auf der breit angelegten Wiese kann man gut grillen oder ein Picknick machen. **Zurück auf der Landstraße 99 fahren Sie weiter bis ⑭ Lozenec** **→ S. 69**, wo Sie am Strand schwimmen gehen und sich an der überaus angesagten Eisbar **Vanilla Bay** *(Tel. 087 6 35 99 95)* direkt am Wasser erfrischen. **Zurück auf der Landstraße 99 nehmen Sie bei Carevo die Abzweigung zur Landstraße 9901 vorbei an Ahtopol und Sinemorec bis zum Grenzort ⑮ Rezevo** **→ S. 78**. Vom Hof der **Kirche Johannes der Täufer** genießen Sie die freie Aussicht auf die türkische Küste und beenden den Tag in einem der kleinen gemütlichen Gasthäuser.

2 WELLNESS AUF BULGARISCH

START: ① **Hotel Hermes, Carevo**
ZIEL: ⑫ **Petrova Niva**

Strecke:
107 km, davon 14 km mit dem Fahrrad

2 Tage
reine Fahrzeit
1,5 Stunden (Rad), 1,5 Stunden (Auto)

KOSTEN: Fahrrad ca. 5 Euro/Pers., Mietwagen ab 25 Euro/Tag, Benzin 10 Euro, Übernachten 30 Euro/DZ, Essen & Trinken 60 Euro/Pers., Eintritte 3 Euro/Pers., Tauch-Schnupperkurs 35 Euro/90 Min./Pers., Yoga 6 Euro/90 Min./Pers.
MITNEHMEN: Trinkwasser, Sonnenschutz, Wanderschuhe, Badesachen, Rucksack

ACHTUNG: Yogastunde vorbuchen; die Straße zwischen **Carevo** und ⑩ **Malko Tărnovo** ist teilweise in einem sehr schlechten Zustand (Schlaglöcher), langsam fahren. Kontrollen der Grenzpolizei zur Türkei sind möglich, Ausweis nicht vergessen!

Yoga am Strand, Feuertänze und Historisches erwarten Sie. Im Naturschutzgebiet Strandža erleben Sie die Südküste von einer ganz besonderen Seite. Tauchen Sie ein in die einzigartige Atmosphäre, die nicht nur Ex-Hippies entzückt, und spüren Sie Ihr Yin und Yang inmitten unberührter Natur.

TAG 1

① Hotel Hermes

3 km

② Arapja

Sie starten an den Ausläufern des Naturschutzgebiets, in **Carevo** **→ S. 67**, wo Sie im ① **Hotel Hermes** *(Zona Server | Tel. 0700 183 08 | hermesresort.com)* Fahrräder mieten. **Auf der westlich gelegenen alten Straße nach Lozenec radeln Sie nördlich bis ② Arapja**, einem der schönsten

Strände der Küste. Springen Sie ins Wasser, tauchen Sie mit **Dive Center Arapya** *(tgl. 9–20 Uhr | Tel. 088 6 90 30 98 | dive-arapya.com)* professionell ab. Zu Mittag geht es **zurück zur Landstraße und** ins **❸ By G** *(Tel. 088 8 67 85 84 | €€)* mit INSIDER TIPP eigenem Tomatengarten für die vorzüglichen Vorspeisen: Vorsicht! Der große Salat wiegt 1 kg! **Es geht zurück nach Carevo. Am Ortsanfang, hinter dem Hotel Castle** beginnt die malerische Veloallee. Sie führt am Meer entlang. **Beim Rocamar Beach Resort** befindet sich der Sandstrand **Nestinarka**, an dem Sie mit **❹ Yoga Inside** *(yogainside.info)* eine Runde entspannen. **Fahren Sie zurück, die Han Asparuh rechts rein und über die Vapcarov-Straße.** Geben Sie die Räder wieder ab und gehen Sie **über die Vapcarov-Straße Richtung Zentrum bis zum ❺ Battu-Shop** *(Han Asparuh 31 | Tel. 088 9 59 34 23)*, wo Sie u. a. Schmuckstücke und Amulette gegen negative Energie erhalten. Zum Abendbrot geht's um die Ecke ins **❻ Kasaba** *(Michail Gerdžikov 2 | Tel. 089 5 77 76 07 | €€)*, **bevor Sie über Han Asparuh und die Vapcarov-Straße an der Straße am Meeresufer bis zum ❼ Bay View Resort** → S. 68 spazieren, wo Sie mit Blick über das Meer und die Stadt übernachten.

Mit dem Auto, das Sie im Hotel vor Ort mieten, **geht's ins Naturschutzgebiet Strandža Richtung Südwesten. Sie fol-**

600 m
❸ By G
7 km
❹ Yoga Inside
3,5 km
❺ Battu-Shop
100 m
❻ Kasaba
1,5 km
❼ Bay View Resort

TAG 2

18,5 km

8 Bălgari

16 km

9 Gramatikovo

24 km

10 Malko Tărnovo

17 km

11 Fischzucht Ribarnika

16 km

12 Petrova Niva

gen den Schildern nach Malko Tărnovo. Nach 15 km erscheint auf der 99 die Abzweigung nach 8 Bălgari **→ S. 68**, der Ort in Bulgarien, in dem heute noch das mystisch-heidnische Ritual des Tanzens mit nackten Füssen auf heißer Glut *(Nestinarstvo)* praktiziert wird. Im Besucherzentrum **Pătja na Nestinarstvoto** *(tgl. 10–18 Uhr | Tel. 059 06 94 14)* sind Sie mit einem beeindruckenden 3-D-Film auch außerhalb der offiziellen Festlichkeiten Anfang Juni hautnah dabei. **Nach kurvenreicher Fahrt auf der 99 durch dichte Wälder gelangen Sie nach 9 Gramatikovo**, wo sich Ihnen hinter der Kirche im Hinterhof des ehemaligen Krankenhauses ein einzigartiges Panorama auf die grünen Berge des Naturparks eröffnet. Zum Mittag geht's in die Jagdresidenz **Astea Gramatikovo** *(am Ortseingang links | Tel. 089 3 38 04 22 | asteagramatikovo.com | €€)*. **Auf der 99 überqueren Sie den Veleka-Fluss und kommen nach 10 Malko Tărnovo**. Im historischen Altstadtkomplex warten die aus einem Stein sprudelnde kühle **Wasserquelle** (Symbol der Stadt) und die **Kirche Mariä Himmelfahrt** mit 150 wertvollen orthodoxen Ikonen. Wissenswertes über den Naturpark Strandža bietet das **Besucherzentrum** *(Mi–So 9–12, 13–18 Uhr | Bălgaria 11 | Tel. 0 59 52 36 35 | strandja.bg)*. **Weiter geht es über die E 87. Ca. 15 km nach Malko Tărnovo folgen Sie rechts dem Schild zur 11 Fischzucht Ribarnika** *(www.ribarnika.net)*, wo Sie frischen Fisch kaufen. Sie ist eingespeist durch mehrere Bergquellen und bietet mit dem **Restaurant Ribarnika** *(Tel. 088 5 91 61 44 | €€)* Muße für eine Pause. **Zurück auf der Fernstraße erreichen Sie bald rechts die Abzweigung nach 12 Petrova Niva**. Hinter dem Denkmal für die gefallenen Freiheitskämpfer gegen die Osmanen eröffnet sich ein atemberaubender Blick auf das Tal des Veleka-Flusses, der in das Schwarze Meer mündet. **Wandern Sie ans Ufer (30 Min.)**, wo Sie die Füße im Wasser baumeln lassen und Natur pur genießen können: Hier begegnen Sie den unter Naturschutz stehenden Knotenblumen und Seerosen und den seltenen Wildkarpfen und Flussaalen.

Am Strand von Carevo tummeln sich nicht nur Yogabegeisterte

3 ÜBER DEN SCHLUCHTEN DES BALKANS

START: 1 Liftstation Sliven
ZIEL: 9 Domaine Boyar

1 Tag
reine Gehzeit
4 Stunden

Strecke: 18,5 km
mittel
Höhenmeter: 600 m

KOSTEN: Essen & Trinken 16 Euro/Pers., Sessellift 2,50 Euro/Pers., Gleitschirmflug 70 Euro/Pers., Taxi 4 Euro

MITNEHMEN: Wanderschuhe, Windjacke, Kopfbedeckung, Trinkwasser

ACHTUNG: Beschilderung fast ausschließlich in kyrillischer Schrift. An der oberen Seilbahnstation werden Wanderer bis 17.30 Uhr mitgenommen. Das Ticket für den Sessellift wird unten nach dem Absteigen bezahlt. Gleitschirmspringen bei 7 **Fly Academy** und Kellereibesuch in der 9 **Domaine Boyar** vorab buchen

Der wohl spektakulärste Teil des mit 500 km landesweit längsten Gebirges liegt westlich von Burgas. Lassen Sie sich im Stara Planina von der Magie der Blauen Felsen im gleichnamigen Naturpark über der Stadt Sliven verzaubern.

1 Liftstation
900 m
2 Der Ehering
3,5 km

09:00 Sie starten bei der 1 **Liftstation** *(tgl. 8–19 Uhr)* in **Sliven** und stärken sich vor der Tour im **Café** *(tgl. 8–19 Uhr | €)*. **Der Wanderweg beginnt linker Hand der Station und ist mit weiß-gelben Zeichen gut markiert. Folgen Sie der Route mit der Aufschrift** ХАЛКАТА („Ehering"). 2 INSIDER TIPP **Der Ehering**, Felsengebilde in Form eines Ringes und Symbol der Stadt Sliven, ist nach 30 Min. steinigem Aufstieg auf 550 m Höhe erreicht. Berühren Sie den gigantischen Stein (Durchmesser 10 m), dem die Einheimischen magische Kräfte zuschreiben. Der Blick auf die Stadt ist grandios. **Folgen Sie dem Weg, der quer unter den Seilen des Lifts entlangführt. Sie kommen an die weiß-rot markierte Wanderroute** ХАЙДУШКА ПЪТЕКА (Pfad der Heiducken), die Sie in den **Naturpark Blaue Steine** *(Sinite kamăni)* hineinführt. Die blau schimmernden Felsen verdanken ihre Farbe dem hohen Gehalt an vulkanischem Quarz. Der Weg ist gesäumt von den für diesen Teil des Balkangebirges typischen, wild wachsenden Kräutern wie Thymian, Oregano, Johanniskraut oder Schafgarbe. Zerreiben Sie Blätter und Blüten und genießen Sie den wundervollen Duft. **Auf dem Berg folgen Sie**

3 Fußballfeld des FK Sliven

200 m

4 Stausee

900 m

5 Kušbunar

900 m

6 Hiža Karandila

2 km

der asphaltierten Straße nach rechts bis zum ehemaligen 3 Fußballfeld des FK Sliven. Das Spielfeld des einstigen Pokalsiegers ist heute für alle zugänglich, schließen Sie sich den spontan organisierten Spielen an. Gleich hinter dem Sportplatz liegt ein **4 Stausee**, in dem man leider nicht baden darf, aber an dessen Ufern man den Hobbyanglern zusehen kann. **Zurück auf der Straße geht es weiter bis zur erfrischenden Wasserquelle 5 Kušbunar**, ein hervorragendes Plätzchen zum Meditieren und Träumen: Füße ins kühle Quellwasser eintauchen, Augen schließen, den Vögeln lauschen, Natur mit allen Poren aufnehmen.

12:00 Zum Mittagessen **geht es die Straße zurück, bis auf der rechten Seite Schilder** zur **6 Hiža Karandila** *(7 Zi. | Tel. 089 8 50 86 12 | www.facebook.com/hijakarandila | €)* (ХИЖА КАРАНДИЛА) führen. Spezialität der Berghütte ist die Bohnensuppe mit frischen Kräutern sowie das INSIDER TIPP Weißbrot, das nur am Wochenende von einem aus Sliven stammenden Bäcker in vierter Generation hier oben zubereitet wird. **Zurück an der Straße biegen Sie nach rechts. Nach ca. 1 km erreichen Sie eine Kreuzung und biegen nach links zum Fernsehturm**, der seinen langen Schatten auf zwei Startram-

Kušbunar: Das Quellwasser erfrischt

pen wirft, wo Ihr Gleitschirm von 7 **Fly Academy** *(Tel. 098 8 82 71 93 | fly-academy.com)* auf Sie wartet! Aber Vorsicht: Die starken Winde auf dem Berg erfordern gute Kondition. **Zurück an der Kreuzung biegen Sie scharf nach links auf den steilen Weg hinunter und folgen den Schildern. In Kürze erreichen Sie die** 8 **Sesselliftstation** (ВЪЖЕНА ЛИНИЯ) und genießen bei der Fahrt ins Tal das Panorama auf die „blauen" Felsen und Sliven.

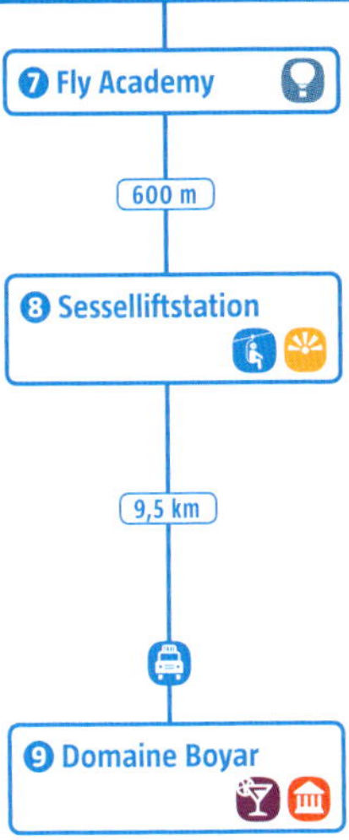

16:00 Zum Abschluss des Tages geht's zur Weinprobe, denn die Gegend um Sliven ist dank der trockenen Böden und des sonnigen Klimas seit Jahrhunderten Weinanbaugebiet, der hiesige Wein zählt zu den hochwertigsten des Landes. Ein Taxi bringt Sie in 20 Minuten **Richtung Zentrum und auf der Bansko-Chaussee zur Kellerei** 9 **Domaine Boyar** *(Mo–Sa, 8.30–18.30 Uhr, Besichtigung nach Voranmeldung | Industrialna žona | Tel. 044 61 91 21 | domaineboyar.com)*, wo Sie im **Blue Ridge Visitor Center**, dem Verkostungspavillon, bei einem köstlichen Tropfen dem heutigen Naturerlebnis nachspüren.

4 DURCH VARNAS HINTERLAND IN DIE WEINBERGE

START: 1 **Čataldža-Markt, Varna**
ZIEL: 5 **Salla Estate**

Strecke: **69 km**

1 Tag
reine Fahrzeit
2 Stunden

KOSTEN: Mietwagen ab 25 Euro/Tag, Benzin 10 Euro, Essen & Trinken 30 Euro/Pers., Eintritt Festung 1 Euro/Pers., Übernachten 50 Euro/DZ, Pferdetour durch die Weinberge inkl. Weinprobe 25 Euro/Pers.
MITNEHMEN: feste Schuhe, Trinkwasser, Sonnenschutz, Fernglas

ACHTUNG: Um den 1 **Čataldža-Markt** gibt es Kurzparkzonen: bis 30 Min. 0,25 Euro. Die Beschilderung der Orte und die Wegweiser sind teilweise nur in kyrillischer Schrift. Das Restaurant **Villa Marciana** bietet mittags nur Sa/So warme Küche. Der Aufstieg zur 4 **Festung Oveč** ist für Gehbehinderte nicht geeignet.

Das Hinterland der Schwarzmeermetropole Varna wird kaum von Touristen aufgesucht, dennoch lohnt sich seine Entdeckung. Denn Sie fahren durch bezaubernde Natur, genießen atemberaubende Ausblicke und lassen sich mit lukullischen Gaumenfreuden verwöhnen.

1 Čataldža-Markt

8,5 km

2 Orechčeto

28 km

3 Padina

17,5 km

09:00 Sie starten in **Varna** → S. 48 am **1 Čataldža-Markt** (Пазар Чаталджа) , wo Sie sich für unterwegs mit Obst, Gemüse, landestypischen Fleischwaren, Käse und den Backwaren aus der Bio-Bäckerei **Organic** *(www.organic.bg)* eindecken. **Richtung Burgas geht es über die Asparuchovo-Brücke. Am Ende nach rechts abbiegen und dem Schild „Beloslav" folgen.** Sie erreichen das unter Naturschutz stehende Areal **Beloslavsko-Varnensko-Ežero**, in dem die Seen Beloslavsko und Varnensko künstlich miteinander sowie mit dem Meer verbunden sind. **Parken Sie am Straßenrand der 9004 am See, nachdem Sie die große Hubschrauberbasis Čajka passiert haben.** Hier, wo das wild entstandene Fischerdorf **2 Orechčeto** beginnt, finden Sie improvisierte Fischerhäuschen und Bootsanlegestellen. Mit etwas Glück oder gegen kleines Trinkgeld nimmt Sie eines der Boote mit in die salzhaltigen Feuchtgebiete, die Tausende Wasservögel anziehen, wie z. B. Krauskopfpelikane, Weißkopfruderenten und Zwergscharben.

12:00 **Weiter geht es via Razdelna, über die Eisenbahngleise Richtung Padina. Am km 35 biegen Sie vor der Talsperre an der Kreuzung links ab und erreichen 3 Padina.** Der unscheinbare Ort birgt direkt an der Hauptstraße eines der besten Gourmetrestaurants der Region: Die **Villa Marciana** *(Tel. 089 3 35 29 06 | www.villa-marciana.com | €€€)* eignet sich vorzüglich für die Mittagspause mit Espresso im duftenden Kräutergarten. Vom Hof der Gaststätte führt ein schmaler, steiler Weg hinauf zur **Kirchenkapelle**, wo sich Ihnen eine malerische Sicht auf die umliegende Natur eröffnet. **Über Žitnica gelangen Sie auf der 9004 nach Provadia. Folgen Sie vom Ort aus**

Kinokulisse oder echt? Krepost Ovec ist eine Festung, die großes Kino bietet

den Schildern (Овеч) zur antiken Anlage 4 INSIDER TIPP **Krepost Ovec** *(tgl. 9–18 Uhr | www.provadia.bg)*, die sich über der Stadt erhebt. Der Legende nach hat die Arche Noah hier Halt gemacht zu einer Zeit, in der dieses Gebiet noch Meeresgrund war. Ein israelischer Geschäftsmann ließ das Areal aufwendig restaurieren. Von dem natürlichen Plateau eröffnet sich eine gewaltige Aussicht über Provadia und die umliegende Landschaft. **Wandern Sie entlang der Felsplateaus**, die über eine 150 m lange Brückenkonstruktion aus Holz verbunden sind, und besichtigen Sie den 79 m tiefen Brunnen, der einst mühsam in das feste Gestein gegraben wurde. Das ist ein perfekter Ort für das Nachmittagspicknick.

15:00 **Über die 208 nach Süden und rechts auf die 731 geht es nach Bläskovo. Hinter dem Marktplatz weist links ein Schild zum 5 Salla Estate** (Салла Естейт). Stolz des Gutes: der über ein halbes Jahr gereifte Schafskäse sowie das Biobrot aus Weizen und Roggen aus eigenem Anbau. Sehenswert ist die kleine Pferdezucht mit Lipizzanern slowenischer Herkunft. Auf einer **Kutschfahrt** zeigt man Ihnen die Weinberge und Überreste einer antiken **Felsenfestung**. Die Kellerei **Salla Vinary** *(9 Zi. | Voranmeldung ratsam | Tel. 089 6779778 | www.salla.bg | €€)* ist bekannt für hochwertigen Weine, die nur in Sofias Eliterestaurants oder hier vor Ort angeboten werden. Lassen Sie den Tag entspannt ausklingen und gönnen Sie sich eine Nacht in den Weinbergen.

4 Krepost Ovec

15 km

5 Salla Estate

SPORT & WELLNESS

Bulgaren lieben Sport – nicht nur im Fernsehen. Sie sind gern aktiv, aber in Maßen. Am Wochenende ein Fußballspiel mit Freunden, Wandern mit der ganzen Familie im Gebirge oder einfach Kalorien abschwitzen im Fitnesscenter. Entlang der Schwarzmeerküste drehen sich Körperkult und Hobbys natürlich um das Wasser. Im Norden gibt es exzellente, aufwendig errichtete Golfplätze wie *Thracian Cliffs* und *Lighthouse Golf Resort*, während im Süden in die Modernisierung der Yachthäfen investiert wird.

ANGELN

Die meisten Yachtclubs vermieten Angelzubehör und organisieren Fischfangtouren aufs Meer. Für das private Angeln im Landesinneren wird eine vom Anglerverband *(www.slrb.org)* ausgestellte Lizenz benötigt. Fischreiche Areale sind der See *Mandra* bei Burgas, die Felsen südlich von Sozopol, Alt-Nesebăr, Pomorie, die Flussläufe der Veleka und Aheloj. Tauchschulen organisieren Fischfang unter Wasser mit Harpune.

BERGSTEIGEN

An der Küste können Sie ganzjährig am Kap Kaliakra klettern. Bergtouren bieten sich um Sliven *(ca. 120 km westlich von Burgas)* und in das oberhalb von Sliven liegende INSIDER TIPP Felsenparadies Karandila an *(www.climbingguidebg.com)*. Am Fluss Luda Kamčia nahe Asparuhovo, ca. 90 km südwestlich

Extrem oder sanft? Tunen Sie Ihren Aktivitätsgrad je nach Bedarf – für jeden ist an der Schwarzmeerküste was dabei

von Varna, befindet sich das 12,5 ha große Areal Čudnite skali – Die wunderbaren Felsen – *(www.dalgopol.org)*. Wochenendtouren organisiert der gleichnamige Kletterclub in Varna *(chudniteskali.net)*.

EXTREMSPORT

Ob Bungeespringen, Ballonfahrten oder Rafting nach der Schneeschmelze – die Experten für den ultimativen Kick finden Sie in Varna beim *Club Adrenalin (Radko Dimitriev 35 | Tel. 052 60 66 05 | www.clubadrenalin.com)*. Weitere Angebote unter: *ax-bg.com*

RADFAHREN

Mieträder stellen Hotels und Verleiher. Die Strecken sind meist eben und für jeden geeignet. Abseits der Radwege ist Vorsicht geboten, da der Verkehr intensiv ist und die Autofahrer nicht gewohnt sind, auf die Vorfahrt der Radfahrer zu achten. Radeln am Durankulak-See oder entlang der Veleka sind wahre Naturerlebnisse. Strandža-

Gebirge und Kap Emine sind beste Terrains für Mountainbiking. Fahrradverleih in Burgas: *www.facebook.com/VeloBurgas*

REITEN

Gute Reitställe gibt es in Albena *(hinter dem Busbahnhof | 1 Std. für Anfänger 13 Euro, Reitschule mit Abschlussdiplom 12 Std. 100 Euro, 2 Std. Nachtreiten 15 Euro | Tel. 089 8 67 15 54)* und am Sonnenstrand *(Straße nach Varna | 1 Std. mit Lehrer 15 Euro, 3 Std. Waldtour 35 Euro | Tel. 088 9 57 18 08 | beach-guesthouse.com)*. Der Reithof *Kalimantsi (10 Euro pro Std. | Tel. 087 8 45 77 97 | tinker-bg.com, pigeon-bg.com)* nahe dem Flughafen Varna bietet ein gutes Restaurant (Nationalgerichte) und eine Sporttaubenanlage.

SEGELN

An der Küste gibt es mehrere Yachtclubs, die Törns (bis nach Istanbul) und Kurse anbieten. Schulungen: Yachtclub Varna *(Morska gara | Tel. 052 69 24 34 | www.yachtclubportvarna.com)*: Burgas *(Knjaz Alexander Batenberg | Tel. 056 82 23 02 | www.yachtclubportbourgas.org)*. Mit Yachtvermietung.

Marinas haben Kavarna, Balčik, Goldstrand, Varna, Bjala, Nesebăr, Pomorie, Burgas, Sozopol, Kiten und Carevo. Weitere Infos unter *www.bg-sail.org*.

TANZEN

Der traditionelle bulgarische Volkstanz ist zurück und gar nicht verstaubt! Die neue Fitnessstrategie für Körper und Seele wird in zahlreichen Clubs praktiziert. Bei unregelmäßigen Takten werden mit Dudelsack und Trommel beim Reigentanz *Horo* oder bei der individuellen *Raceniza* bis zu 500 Kalorien verbrannt und Stress abgebaut. Muskelkater ist garantiert. Angesagte Tanzschulen sind *Văzroždenzi (short.travel/bus26)* in Varna und *Sborenka (short.travel/bus32)* in Burgas. *Schnupperkurse ab 3 Euro pro Std.*

TAUCHEN

Egal, ob Sie geübter Taucher oder Anfänger sind: Die Bulgarische Schwarzmeerküste bietet abwechslungsreiche Spots für alle. Die meisten Ziele sind vom Ufer aus zu erreichen, für andere ist ein Boot als Transportmittel notwendig. Bei Varna wurde ein sowjetisches Flugzeug vom Typ TU-154 für Taucherzwecke ins Wasser versenkt. Bei Sozopol kann man Felsenriffs aus der Tiefe betrachten sowie in 25 bis 38 m Tiefe die Überreste des im Zweiten Weltkrieg versenkten bulgarischen Handelsschiffs „Rodina" erkunden. INSIDER TIPP Spannende, professionell geführte Tauchexpeditionen starten von Sveta Anastasia *(ca. 50 Euro pro Std. | synchronsport.bg/school)*.

Die Tauchschulen lehren nach den Standards internationaler Organisationen wie PADI, CMAS und SSI. Scuba diving im Rahmen eines Einführungskurses dauert einige Stunden (30–50 Euro). Ein vollständiger Tauchkurs mit internationalem Zertifikat dauert fünf bis sieben Tage (220–300 Euro). Auskunft bei Tauchlehrer Vesselin Kirilov *(Tel. 089 9 80 63 05 |www.scubabar.bg)* oder *www.dive.bg, www.bulgariandivingacademy.bg, www.dive-sredetz.org, www.divingbg.com, www.sdb.bg*

WANDERN

Die gesamte Küste ist erwanderbar: ob direkt am Wasser an den langen Sandstränden oder in den nahe gelegenen Wäldern. Die längste Wanderroute Bulgariens führt am Balkangebirge entlang: vom Berg Kom an der bulgarischserbischen Grenze im Westen bis zum Kap Emine an der Küste. Bei der 20- bis 25-tägigen Tour werden insgesamt 650 km zurückgelegt. Beste Wanderzeit: zwischen Juni und Oktober.

Die Wege der ● Ecotrails sind für geschulte Wanderer und Familien mit Kindern gleichermaßen geeignet. Gut beschildert, informieren sie über die Landschaft – und das völlig kostenlos. Empfehlenswert: die Ecotrails bei Sinemorec und am Reiterdenkmal von Madara. Weitere Infos: Reiseagentur *Odisseia-In (Tel. 029890538 / www.hiking-bulgaria.com)*

WASSERSPORT

Vor allem in Albena, Goldstrand und Sonnenstrand bleibt kaum ein Wunsch offen: Windsurfen, Wasserski, Wasserfallschirm, Tretboot, Jetski, Ruderboote oder Kajak – alles wird angeboten, die Ausstattung vor Ort vermietet. Ein Preisvergleich der Anbieter lohnt: Von Strand zu Strand sind die Unterschiede zum Teil erheblich.

Die Campingplätze Gradina, Zlatna ribka und Kavacite an der südlichen Schwarzmeerküste bieten Ausbildung und Training für Windsurfen, Kiten und Katamaran. Im Angebot sind Equipment für Anfänger oder Fortgeschrittene. Der Transport zu den Stellen mit den besten Witterungsbedingungen wird übernommen. Ein achtstündiger Ausbildungskurs (2 Tage) kostet ca. 50 Euro. Weitere Infos: *www.varnasurf.com / www.nikisurfsport.com / www.campo-tour.com / surfschoolbg.com*

Parasailing an der Küste: Wieso nur zuschauen?

WELLNESS

Zahlreiche Mineralquellen, ätherische Öle aus Rosenblüten und Lavendel bulgarischer Herstellung sowie Heilschlamm aus dem Pomorie-See bilden die Grundlage für Kuren und Behandlungen. Massagen mit Bienenhonig, Aromatherapie mit Bergkräutern u. a. bieten das staatliche Mineralbad Burgas *(www.sbr-bmb.bg)* und das Spa-Hotel *Seawind* in Sveti Vlas *(victoria-spa.com)*. Die staatlichen Bäder sind nicht sehr komfortabel, bieten aber meist die besseren Wasser- und Schlammqualitäten sowie erfahrenes medizinisches Personal.

MIT KINDERN UNTERWEGS

Nicht nur der TV-Sandmann kommt in Bulgarien erst kurz vor 20 Uhr. Die Kleinen sind mit ihren Eltern bis spätabends unterwegs und versetzen damit nicht selten westeuropäische Urlauber in Verwunderung.

Für Bulgaren ist das völlig normal und so genießen Kinder auch beim Personal stets besondere Aufmerksamkeit. In Restaurants gibt es zwar selten Kindermenüs, doch kein Koch würde es wagen, den Sonderwunsch eines kleinen Gastes abzulehnen.

Die breiten Sandstrände und der flach abfallende Meeresgrund an der Bulgarischen Schwarzmeerküste sind ideal für Kinderspiele und für Nicht- oder angehende Schwimmer – die Voraussetzung für stressfreie Ferien. In fast jedem Hotel gibt es Kinderclubs mit reichhaltigem Animationsprogramm, etwa Reisen zu Robinson, Angeln mit dem Fischerboot oder Action auf dem Piratenschiff. Aber auch außerhalb der Kinderclubs gibt es für junge Reisende viel zu entdecken.

BIMMELBAHN

Eine seit der Pionierzeit des Tourismus an der Küste beliebte Attraktion ist die Bimmelbahn in den Seebädern. Das Gefährt besteht aus einer kleinen Lok mit mehreren offenen Wagen. In der Regel bewegt sie sich von einem zum anderen Ende des jeweiligen Urlaubsorts. Vor allem bei Stippvisiten empfiehlt es sich, das Terrain auf diese Weise zu erkunden. Eine Bimmelbahn fährt auch um die Altstadt von Nesebär.

Die Kinderliebe der Bulgaren ist legendär: Jeder Koch liest dem kleinen Gast seinen Sonderwunsch von den Augen ab

KINDERCLUBS

Es gibt in Bulgarien zahlreiche Kinderclubs in denen die Kleinen mit Freunden Geburtstag oder Namenstag feiern. Die Eltern müssen nicht unbedingt dabei sein, da für die Betreuung der Kids gesorgt ist. Mama und Papa nutzen die Clubs für ihre Kleinen auch, wenn sie „langweilige" Dinge zu erledigen haben, damit ihr Nachwuchs betreut ist und mit Gleichaltrigen spielen kann, z. B. im Freien und in entsprechend eingerichteten Kinderzimmern, bei Wanderungen oder in Bastelkursen; für die etwas älteren Kids gibt es Kinderdiscos und für Geburtstagskinder große Torten inklusive Feuerwerk.

In Varna: *Bezbroj Slănza (1 Std. Betreuung 1,50 Euro | eine Woche je 4 Std. 25 Euro | short.travel/bus22)*, *Mecho Puh Elitis (short.travel/bus44)*, *Baby Rock (babyrockbg.com)*, *Radost i usmivka (radostusmivka.dir.bg)*. In Burgas: *M & M (www.partycentermm.com)*, *Šturomania (shturomania.com)*, *Korabcheto (www.korabcheto.com)*.

KINO

Der Kinobesuch eines bulgarischen Kinos kann kurzweilig sein. Ein *Harry Potter* im Original mit bulgarischen Untertiteln ist ausgesprochen lustig. Auch die in der Regel synchronisierten Zeichentrickfilme begeistern, wenn der bekannte Held plötzlich in einer fremden Sprache spricht. Die größten Kinos gibt es in Varna und Burgas. In kleineren Orten gibt es im Sommer oft Wanderkinos im Freien. Einzelheiten erfahren Sie im Hotel.

PUPPENTHEATER ● (U D4) (*🕮 d4*)

Das Puppentheater amüsiert mit Marionetten, die in der Regel international bekannte Märchen in Szene setzen. In Varna gibt es INSIDER TIPP das beste Puppentheater Bulgariens. Die Stücke sind ohne Dolmetscher zu verstehen. Das Gebäude beherbergt auch das einzige Puppenmuseum auf der Balkanhalbinsel mit 140 Spielpuppen. *Theater: Dragoman 4 | Tel. 052 60 78 44 | Museum: Šeijnovo 5 | Di–Fr 10–17, So 10–14 Uhr | Eintritt Theater 2,50 Euro, Kinder 2 Euro, Eintritt Museum 1,50 Euro, Kinder 1 Euro | Tel. 052 60 81 72 | www.vnpuppet.com*

RADELN, ROLLEN, SKATEN

Für ältere Kinder gibt es außer Mountainbikes und Sporträdern kleine, batteriebetriebene Elektroroller, für die keine Fahrerlaubnis nötig ist *(Mietpreise pro Std.: Fahrrad 2,50 Euro, Velorikscha 4 Euro, kleiner Elektroroller 6 Euro, großer Roller 7,50 Euro)*. Auf den gut asphaltierten und fast autofreien Straßen der Kurorte ist *Inlineskating* ein Vergnügen. Skates bringt man mit oder kauft sie vor Ort *(ab 15 Euro)*. Skateboardanlagen gibt es auf größeren Spielplätzen in den Städten.

SPASS AM STRAND

Am Strand lassen sich tolle Brunnen graben – je weiter vom Meeresufer sie gebaut werden, desto tiefer müssen die Bauherren- und damen graben, bis das Wasser durch den Grund sickert. Und garantiert liegen am Wellensaum inter-

Alt, jung, groß, klein: Das Schwarze Meer ist für jeden was

essante und verschiedene Muscheln zum Sammeln. Für Ball- und Wasserspiele sind stets genügend Gleichgesinnte vorhanden, sodass sich schnell multikulturelle Gruppen bilden. Große, mehrspurige Wasserrutschen mit Tunnels sowie riesige aufblasbare Burgen, die als Trampolins dienen, locken inzwischen in jedem Ferienort direkt am Meer.

TIERE

Tierparks in der Region entsprechen leider noch nicht westeuropäischen Standards, obwohl EU-Normen Pflicht sind. Mit gutem Beispiel voran ging die Weinkellerei Festa aus Pomorie: Sie privatisierte in Varna das *Delphinarium* (0) *(🗺 0) (Di–So | Vorstellungen um 11, 14 und 15.30 Uhr | Eintritt 10 Euro, Kinder 7 Euro | Primorski Park | Tel. 052 30 21 99 | dolphinarium.festa.bg)* und kümmert sich um bessere Lebensbedingungen für die Tiere. Zwei bis vier Mal täglich zeigen die intelligenten Tiere in einer 40-minütigen Show im Norden des Meeresparks ihre Kunststücke: Akrobatik, Balance, Musik, Gesang, Tanz und Spiel mit dem Publikum. Die Moderation ist viersprachig: Bulgarisch, Russisch, Englisch und Deutsch. Wer die Vorstellung verpasst oder zu früh erschienen ist, kann vom Café aus die Delphine durch ein risiges Schaufenster beobachten.

Ebenfalls im Meerespark in Varna liegt in einem efeuumrankten Jugendstilbau das *Aquarium* (U E5) *(🗺 e5) (tgl. 9–20 Uhr | Eintritt 1 Euro, Kinder 0,50 Euro | bul. Primorski 4 | www.facebook.com/aquariumvarna)*. Obwohl wegen Geldmangels einige Becken leer stehen, sind dennoch imposante und bunte Fische zu bewundern. Vor allem die Bewohner des Schwarzen Meers werden hier präsentiert.

Der *Varna-Zoo* (0) *(🗺 0) (Morska Gradina | tgl. 8.30–19.30 Uhr | Saltanat 5 | Eintritt 1 Euro, Kinder 0,25–0,50 Euro | varnazoo.com)* liegt ebenfalls im Meeresgarten, doch er ist klein und nicht sonderlich gepflegt. Da ist der privat betriebene *Exotic Zoo (tgl. 9–23 Uhr | Eintritt 1 Euro)* im botanischen Garten von Balčik spannender. Das Terrarium zeigt giftgrüne Salamander, Schmetterlinge, Schlangen und Schildkröten der Küstenregion.

Ausritte auf dem Rücken eines Ponys oder Esels stehen bei Kindern hoch im Kurs. In jedem Seebad gibt es entsprechende Angebote.

WASSER- UND ERLEBNISPARKS

Absolute Highlights bei den Kindern sind die gigantischen Wasserparks am Gold- und Sonnenstrand mit Attraktionen für jedes Alter: verschiedene Schwimmbecken, Hochgeschwindigkeitsrutschen, Kindergarten für die ganz Kleinen, Tauchschule für die etwas Älteren. Der *Action Aquapark (tgl. 10.30–18.30 Uhr | Eintritt bis 90 cm Größe frei, bis 130 cm 8,50 Euro, über 130 cm und Erwachsene 17 Euro | www.aquapark.bg)* am Sonnenstrand liegt nördlich hinter den Hotels an der Straße nach Sveti Vlas.

Am Goldstrand nennt sich die Megaanlage mit Schwarzem Wasserloch und Kamikazerutsche *Aquapolis (Mai und Sept. tgl. 10–18, Juni–Aug. 10–19 Uhr | Eintritt bis 90 cm Größe frei, bis 120 cm 8 Euro, über 120 cm und Erwachsene 17 Euro | www.aquapolis.net)*. Im separaten Kinderareal tummelt sich ein riesiger Drache mitten im Wasser. Der Komplex liegt auf der Anhöhe hinter der Straße nach Varna. Die Haltestellen der Shuttlebusse vor den größeren Hotels sind ausgeschildert, auch von Riviera und Albena bestehen direkte Verbindungen.

Größere Erlebnisparks mit Schaukeln, Rutschen, Skooter, Karussell gibt es in den Meeresgärten von Varna und Burgas *(www.detskikat.com)*.

EVENTS, FESTE & MEHR

EVENTS & NEWS → S. 2/3

Bulgaren feiern gern und ausgiebig – weniger den Geburtstag als den Namenstag, zu dem jeder ohne Einladung zur Party kommt. Waren im Sozialismus Ostern und Weihnachten zu Gunsten der Oktoberrevolution und der Befreiung vom Faschismus gestrichen, dominieren heute wieder die christlichen Feiertage. Geblieben ist aber das Fest des slawischen Schrifttums, an dem herausgeputzte Schüler durch die Straßen marschieren.

FESTE & FESTIVALS

Veranstaltungen werden aus Geldmangel oft in letzter Minute abgesagt. Am besten erkundigen Sie sich im Hotel oder im Fremdenverkehrsbüro vor Ort.

FEBRUAR

14. Feb.: ***Trifon Saresan***, Fest der Winzer in den Weinanbaugebieten

1. MÄRZ

Zum Frühlingsanfang schenken sich Bulgaren ***marteniza***, rote und weiße ineinander geflochtene Fäden. Sie sollen dem Beschenkten Gesundheit, Glück und Liebe bringen und werden nach Sichtung des ersten Storchs im Jahr an den Ast eines blühenden Baums gehängt.

MAI

Anfang Mai: ***Sea & Memories***, Varna. *www.morefest.com*

6. Mai: ***Georgiovden*** (Georgstag). Neben der offiziellen Militärparade gibt es zum Tag des Schutzheiligen der Armee privat einen Lammbraten. Moslems begehen den Tag im Kloster Arat Teke in Obročište.

21. Mai: ***Sveti Konstantin und Elena***, Fest zu Ehren des Kaisers Constantin, der 313 das Christentum anerkannte. Die heilige Elena war seine Mutter. Im Strandža-Gebiet zeigen ***Nestinari*** ihre Feuertänze.

JUNI

Juni–Mitte Aug.: INSIDER TIPP ***Varnaer Sommer***, internationales Festival mit Klassik, Oper, Ballett, Folklore, Jazz, Varna. *www.varnasummerfest.org*

Mitte Juni: ***Süß singende Lerche***, bulgarischer Kinderliederwettbewerb, Burgas. *www.sladkopoinachuchuliga.com*

Mitte Juni: ***Strandža singt,*** Sängertreffen in Gramatikovo

INSIDER TIPP ***Klassische Konzerte in den Höhlen*** von Madara

Internationales Festival orthodoxer Musik, Pomorie. *www.orthodoxvoices.org*

Apollonia oder Varnaer Sommer: Was auch immer gefeiert wird, Musik gehört an der Bulgarischen Schwarzmeerküste dazu

JULI

Anfang Juli: ***Internationales Kinderfolklorefestival***, Ravda

Anfang Juli: ***Internationales Kurzfilmfestival***, im Schloss Balčik. *www.inthepalace.com*

Ende Juli: ***Balčik Classic Days***, klassische Musikkonzerte im Freien, direkt am Wasser. An mehreren in der Stadt verteilten Pianostationen können Sie selbst in die Tasten hauen. *balchikclassicdays.com*

AUGUST

Mitte Aug.: ***MTV Varna***, Musikfestival direkt an Varnas Strand

AUGUST/SEPTEMBER

Ende Aug./Anfang Sept.: ***Love Is Folly***, internationales Filmfestival Varna. *www.fccvarna.bg/bg/loveisfolly*

INSIDER TIPP ***Apollonia***. Das einzigartige Festival in Sozopol mit Theater, Klassik, Jazz und Rock ist Kult, absoluter Szenetreff. *www.apollonia.bg*

OKTOBER

Anfang Okt.: ***Goldener Delphin***, Puppentheaterfestival, Varna. *short.travel/bus23*

Goldene Rose, Filmfestival, Varna. *www.zlatnaroza.bg*

FEIERTAGE

1. Jan.	Neujahr
3. März	Nationalfeiertag
Anfang/ Mitte April	Ostern (nach dem orthodoxen Kalender)
1. Mai	Tag der Arbeit
6. Mai	Georgstag – Tag der Armee
24. Mai	Tag der bulgarischen Bildung und Kultur
6. Sept.	Tag der Vereinigung
22. Sept.	Tag der Unabhängigkeit
1. Nov.	Tag der Volksaufklärer
24.–26. Dez.	Weihnachten

LINKS, BLOGS, APPS & CO.

LINKS & BLOGS

www.bulgariansearesorts.com Übersichtlich gestaltete Seite zu 36 wichtigen Orten entlang der Küste: Hotels, Resorts, Strände, Karten, Wetterinfos und Sightseeing-Tipps in englischer Sprache. Nützliche Infos und Kurzbeschreibungen

www.bulgarien.info Unterhaltsame und kompakte Infos u. a. zu Varna und Zlatni pjasăci, typische Speisen, Party, Geschichte und zum kulturellen Erbe

www.marcopolo.de/bulgarien-smk Ihr Online-Reiseführer mit allen wichtigen Informationen, Highlights und Tipps, interaktivem Routenplaner, spannenden News & Reportagen sowie inspirierenden Fotogalerien

www.lostbulgaria.com Spannende Seite mit nostalgischen Fotos und Ansichtskarten von Land und Leuten inkl. Geschichte der Schwarzmeerresorts und früherer Lebensart in Metropolen wie Burgas und Varna

sofiaglobe.com Hier erfahren Sie mehr zu den Hintergründen des Landes: aktuelle Infos und Kommentare, Analysen und Podcasts zu Bulgariens Wirtschaft, Politik und Alltag

short.travel/bus10 Informationsplattform der ständig anwachsenden britischen Gemeinde an der Küste mit reichhaltigen lokalen Infos und Tipps

www.mit-motorrad-auf-tour.de Spannende Berichte und Bilddokumentation zu Motorradtouren durch das unbekannte Bulgarien – auch an die Küste

magazine79.com Symbolträchtige Plätze an der Küste, die Situation der Minderheiten und musikalische Ausflüge von einem in Bulgarien lebenden Hamburger

eatstaylovebulgaria.com Persönliche Geschichten und Tipps von Locals zu Reisen, Freizeit, Kultur, Mentalität oder Shopping. Tolle Fotos in der Blog-Galerie, auf Englisch

Egal, ob für Ihre Reisevorbereitung oder vor Ort: Diese Adressen bereichern Ihren Urlaub. Da manche sehr lang sind, führt Sie der short.travel-Code direkt auf die beschriebenen Websites. Falls bei der Eingabe der Codes eine Fehlermeldung erscheint, könnte das an Ihren Einstellungen zum anonymen Surfen liegen

nabbs.eu/en Die nicht-regierungsgebundene Organisation Bulgarian Black Sea berichtet über die Region aus der Perspektive der Nachhaltigkeit

short.travel/bus9 Ausführlicher und bebilderter Reisebericht der Geo-Reisecommunity mit Hintergründen in deutscher Sprache

bnr.bg/de Tagesaktuelle Nachrichten, Kommentare, Reisetipps, Kultur und Sport in deutscher Sprache von Radio Bulgarien auch als Audiodateien

VIDEOS & MUSIK

short.travel/bus51 Deutschsprachiger Kurzfilm über Charme und Alltag im Strandža-Gebirge

short.travel/bus30 Videobeiträge von Amateuren und Profis auf youtube gesammelt. Drehort ist stets die 378 km lange und fotogene Bulgarische Schwarzmeerküste

short.travel/bus31 Ein spannender Tauchausflug zu einem mit Muscheln und Algen überzogenen Schiffswrack nahe der Insel Sveti Ivan bei Sozopol. In diesem Video wird anschaulich, weshalb die Schwarzmeerküste so beliebt fürs Wrack-Tauchen ist

APPS

Albena-App Die App des Kurorts weiß, wo die Partys starten, und gibt dem Personal genaue Hinweise, unter welchem Sonnenschirm die von Ihnen per Handy soeben bestellten Drinks (einfach den QR-Code am Sonnenschirm einscannen) zu servieren sind

uTalk Spielerisch auf dem iPhone Bulgarisch lernen und mit den Locals kommunizieren

BGPostCard High Tech meets classic. Konventionelle Postkarten oder eigene Fotomotive per Handy an Freunde und Familie verschicken. Über die App erhält die bulgarische Post die relevanten Daten, druckt die Karte aus und liefert sie in den analogen Briefkasten aus

PRAKTISCHE HINWEISE

ANREISE

Die Reise mit dem Auto ist relativ lang und strapaziös. Rund 2200 km beträgt die Entfernung zwischen Frankfurt am Main und Varna. Bei der Einreise nach Bulgarien ist die Anbringung einer Vignette an die Windschutzscheibe obligatorisch. Sie ist an den Grenzübergängen sowie an Tankstellen erhältlich. Die Straßengebühr für PKW kostet 8 Euro für eine Woche, für einen Monat 15 Euro. Auf der Strecke durch Österreich, Slowenien, Kroatien, Serbien und Bulgarien sind ca. 65 Euro Mautgebühren fällig. Nur ca. 30 Euro Straßengebühren und 100 km weniger sind es über Österreich, Ungarn, Rumänien und über die Donaubrücke nach Bulgarien, allerdings fahren Sie bedeutend weniger Autobahn und müssen mehr Zeit einplanen.

Weitaus länger als mit dem Auto dauert die Anreise per Bahn: von Berlin nach Varna oder Burgas sind es mit mindestens zwei mal Umsteigen ca. 40 Stunden. Preislich günstige, jedoch zeitlich aufwendige Verbindungen bietet die Bulgarische Staatseisenbahn von Sofia in die Küstenmetropolen *(www.bdz.bg)*.

Ausgesprochen preiswert sind die Busreisen zwischen Bulgarien und den deutschsprachigen Ländern (selten über 100 Euro für eine Fahrt). Wollen Sie von der Hauptstadt Sofia aus an die Küste fahren, nutzen Sie das Busterminal am Hauptbahnhof *(www.centralnaavtogara.bg)*. Fast im Minutentakt fahren klimatisierte Busse an alle wichtigen Urlaubsorte. Im Sommer ist es ratsam, Busfahrkarten einige Tage vor der Abreise zu kaufen.

Günstigste Anreise ist per Charterflug nach Burgas oder Varna (z. B. von Düsseldorf unter 20 Euro). Vor allem in der Sommersaison fliegen SunExpress, Germania, Austrian sowie die bulgarischen Airlines Air Via (unter dem Namen Via Airways) und Bulgarian Air Charter die Ferienmetropolen an.

GRÜN & FAIR REISEN

Auf Reisen können auch Sie viel bewirken. Behalten Sie nicht nur die CO_2-Bilanz für Hin- und Rückreise im Hinterkopf *(www.atmosfair.de; de.myclimate.org)* – etwa indem Sie Ihre Route umweltgerecht planen *(www.routerank.com)* – , sondern achten Sie auch Natur und Kultur im Reiseland *(www.gate-tourismus.de)*. Gerade als Tourist ist es wichtig, auf Aspekte wie Naturschutz *(www.nabu.de; www.wwf.de)*, regionale Produkte, wenig Autofahren, Wassersparen und vieles mehr zu achten. Wenn Sie mehr über ökologischen Tourismus erfahren wollen: europaweit *www.oete.de*; weltweit *www.germanwatch.org*

AUSKUNFT

Das offizielle Tourismusportal Bulgariens *bulgariatravel.org* bietet auch in deutscher Sprache aktuelle Informationen zur Bulgarischen Schwarzmeerküste. Auskünfte erteilen außerdem die Handelsvertretungen und Wirtschaftsabteilungen der Bulgarischen Botschaften.

Von Anreise bis Zoll

Urlaub von Anfang bis Ende: die wichtigsten Adressen und Informationen für Ihre Reise an die Bulgarische Schwarzmeerküste

BOTSCHAFT DER REPUBLIK BULGARIEN BERLIN
Mauerstraße 11 | 10117 Berlin | Tel. 030 2 01 09 22 (26) | www.mfa.bg/embassies/germany

BULGARISCHE BOTSCHAFT BERN
Bernastrasse 2–4 | 3005 Bern | Tel. 031 3 51 14 55 | www.mfa.bg/embassies/switzerland

BULGARISCHE BOTSCHAFT WIEN
Schwindgasse 8 | 1040 Wien | Tel. 01 5 05 31 13 | www.mfa.bg/embassies/austria

AUTO

Der nationale Führerschein genügt. Für einige Nicht-EU-Länder, die passiert werden, ist die grüne Versicherungskarte obligatorisch. Alkoholgrenze: 0,5 Promille. Drink-and-Drive-Angebot in den größeren Städten: Nach Alkoholgenuss chauffiert Sie ein Fahrer in Ihrem Wagen ins Hotel *(in Varna: Tel. 087 8 93 03 30 | drink-drive.eu; Burgas: Tel. 0883 72 22 77 | www.drinkanddriveburgas.com)*. Bei Unfall oder Diebstahl die Polizei rufen *(landesweit Tel. 112)*, die Versicherung benötigt ein Protokoll. Geschwindigkeitsbegrenzungen: Autobahn 140 km/h, Landstraße 90 km/h, in Ortschaften 50 km/h; für PKW mit Hänger sowie Motorräder 100/70/50 km/h. Mobiltelefone ohne Freisprechanlage sind verboten. Pannenhilfe rund um die Uhr: *Tel. 146 | www.uab.org*

BADEN

Ebbe und Flut haben am Schwarzen Meer kaum Bedeutung. Bei ruhiger See können Sie weit hinausschwimmen. An öffentlichen Stränden sorgen Rettungsschwimmer für Sicherheit. Am Strand fungiert die Fahne am Mast wie eine Ampel: Grün steht für uneingeschränkten Badespaß, Gelb verbietet Tretboote, Luftmatratzen und Ballspiele sowie begrenzt das Schwimmen im mit Bojen markierten Gebiet. Bei Rot ist das Baden absolut verboten.

WAS KOSTET WIE VIEL?

Tauchen	40 Euro *für 90 Minuten*
Salat	2,50–5 Euro *für eine Portion*
Kaffee	0,50–1,50 Euro *für einen Espresso*
Benzin	1,10 Euro *für 1 l Super Bleifrei*
Bier	1–2,50 Euro *für 0,5 l vom Fass*
Busticket	50 Cent *für die einfache Fahrt*

BANKEN & GELD

Die Zahl der Bankautomaten steigt ständig. Sie bieten erfahrungsgemäß den besten Wechselkurs. Pro Tag können max. 400 Leva (2800 Leva pro Woche) abgehoben werden. Bargeld sicherheitshalber in Banken oder im Hotel tauschen. Gängige Kreditkarten sind in Luxushotels und bei Mietwagenfirmen willkommen, sonst aber ist die Akzeptanz deutlich geringer als in Westeuropa.

CAMPING

Es gibt viele Campingplätze an der Bulgarischen Schwarzmeerküste, der Zustand der Sanitäranlagen ist aber meist stark sanierungsbedürftig. Am besten vor Ort Bad und WC inspizieren.

DIPLOMATISCHE VERTRETUNGEN

DEUTSCHE BOTSCHAFT IN SOFIA
F. J. Curie 25 | 1113 Sofia | Tel. 02 918380 | www.sofia.diplo.de

WÄHRUNGSRECHNER

€	LEVA	LEVA	€
1	1,96	1	0,51
2	3,91	2	1,02
3	5,87	3	1,53
4	7,82	4	2,05
5	9,78	5	2,56
7	13,69	7	3,58
8	15,65	12	6,14
9	17,60	25	12,78
10	19,56	100	51,13

DEUTSCHES HONORARKONSULAT IN VARNA
Bul. 8-mi Primorski Polk 54 | Office 2 | 9000 Varna | Tel. 052693693 | www.honoraryconsul.bg

ÖSTERREICHISCHE BOTSCHAFT IN SOFIA
Šipka 4 | 1000 Sofia | Tel. 02 9329032 | short.travel/bus28

SCHWEIZER BOTSCHAFT IN SOFIA
Šipka 33 | 1504 Sofia | Tel. 02 9420100 | sof.vertretung@eda.admin.ch | www.eda.admin.ch/sofia

EINREISE

Zur Einreise nach Bulgarien reicht ein gültiger Personalausweis oder Reisepass. Kinder unter 16 Jahren brauchen einen Kinderausweis mit Lichtbild oder Reisepass. Alle Ausweise sollten mindestens für die geplante Reisedauer gültig sein.

FKK

Oben ohne ist völlig normal. FKK wird nur an den ausgewiesenen Stränden gepflegt. Sie liegen meist abgeschieden und haben keinen Rettungsschwimmer. Beliebte FKK-Strände gibt es bei Kavacite, Smokini, Veselie und Nestinarka im Süden, Irakli, Kamčija, Varna und südlich von Albena im Norden.

FOTOGRAFIEREN

Verboten ist das Fotografieren an Militäreinrichtungen z. B. in Rezovo, an der Grenze zur Türkei. In Kirchen und Museen sollte vorher gefragt werden. Filme, Batterien und Zubehör entsprechen westlichen Standards und sind oft preiswerter. Bei Filmen auf das Verfallsdatum achten.

GESUNDHEIT

Bei Gesundheitsproblemen die Hotelrezeption kontaktieren. Der medizinische Notruf reagiert landesweit unter *Tel. 112*. Die medizinische Versorgung ist flächendeckend gut, nur in den Krankenhäusern ist der technische Standard nicht so hoch wie in Westeuropa. Die Apotheken führen fast alle gängigen westlichen Medikamente. Versicherte der EU-Mitgliedsländer werden gegen Vorlage der Europäischen Krankenversicherungskarte behandelt. Die Adressen der Vertragsärzte hat Ihre Krankenkasse oder Reiseleitung. Der Abschluss einer privaten Auslandsreisekrankenversicherung ist grundsätzlich empfehlenswert.

KLIMA & REISEZEIT

Der Run auf die Küste erfolgt von Anfang Juni bis Mitte September. Dann haben auch die meisten bulgarischen Schüler Ferien. Außerhalb dieser Saison geht es ruhig zu, viele Hotels und Lokale schließen. Im Juli und August wird es ausgesprochen heiß.

MEDIEN

Alle Hotels verfügen über Satellitenempfang oder Kabel-TV. Europäische Presse wird eingeflogen und ist einen Tag nach Erscheinen erhältlich.

MIETWAGEN

Es reicht der nationale Führerschein. Bulgarische Anbieter haben deutlich günstigere Preise als internationale Firmen, aber oft auf Kosten der Wagenqualität. Am besten das Angebot vorher gut prüfen *(rent-a-car-varna.com, sprintcar.bg, speedrentacar.bg, toprentacar.bg)*. Die Tagesmiete plus Kilometergeld liegt bei 20 bis 30 Euro. Der Liter Benzin kostet ca. 1,10 Euro.

NOTRUF

Die einheitliche europäische Notrufnummer lautet 112. Weiterhin aktiv sind auch die nationalen Hilfetelefone: Feuerwehr *Tel. 160,* Notarzt *Tel. 150,* Polizei *Tel. 166*.

ÖFFENTLICHE VERKEHRSMITTEL

Bahnverbindungen zwischen den Orten an der Küste gibt es nicht, dafür sorgen

Sommer in Černomorec genießt man im Schatten oder im Wasser

die meist privat geführten Buslinien für ein abwechslungsreiches Angebot. Wichtigste Drehscheiben sind der Busbahnhof Varna *(bul. Vladislav Varnencik 158 | Tel. 052 74 83 49 | www.autogaravn.com)* und die zwei Busbahnhöfe in Burgas *(Jug (Süd): neben dem Bahnhof | Tsaritsa Joanna | short.travel/bus24 und Zapad (West): im Wohnviertel Bratia Miladinovi Maritsa 2 | short.travel/bus25)*. Das dichteste Verkehrsnetz in der südlichen Metropole bietet *Burgasbus (burgasbus.info)*. Das Busnetz an der bulgarischen Küste ist gut ausgebaut. In den Hotels finden Sie Informationen zu den aktuellen Fahrplänen und Reisezielen. Die Fahrkarte wird zumeist beim Fahrer gelöst, für den Nahverkehr auch an Sonderschaltern oder Zeitungskiosken. Von den Bahnhöfen Varna und Burgas fahren im Fernverkehr Züge regelmäßig ins Landesinnere.

ÖFFNUNGSZEITEN

Banken öffnen meist wochentags zwischen 9 und 17 Uhr, Museen Di bis So 10 bis 17 Uhr. Im Winter gelten kürzere Arbeitszeiten. Kleinere Restaurants haben in der Saison keine festen Zeiten, sie öffnen meist täglich ab 10 Uhr bis Mitternacht oder solange die Gäste Spaß haben. Clubs und Bars öffnen spätabends. In den Hotelkomplexen und Großstädten sind die Arbeitszeiten ausgewiesen. Nach der Saison schließen die meisten Lokale, Clubs und Hotels. Die Saison ist wetterabhängig und dauert meist von Ende Mai bis Oktober.

POST

Postämter haben üblicherweise Mo bis Fr von 8 bis 18 und Sa von 8 bis 13 Uhr geöffnet. Briefmarken für eine Karte nach Westeuropa kosten etwa 50 Cent.

PREISE & WÄHRUNG

Die bulgarische Währungseinheit ist der Lev (plural Leva). Er ist mit einem festen Wechselkurs an den Euro gebunden. Ein Euro entspricht 1,96 Leva (Stand: Mai 2018). Geringe Tagesabweichungen je nach Tauschgebühren sind möglich. Der Lebensstandard ist in Bulgarien deutlich niedriger als in Westeuropa. In den Touristenregionen ist dies seltener zu spüren, da die Preise oft bewusst angehoben werden. Obst und Gemüse gibt es frisch und günstig auf den Bauernmärkten, Lebensmittel und Spirituosen in den Supermärkten der größeren Ortschaften, Kosmetik und Kleidung in den Shoppingmalls der

WETTER IN VARNA

	Jan.	Feb.	März	April	Mai	Juni	Juli	Aug.	Sept.	Okt.	Nov.	Dez.
Tagestemperaturen in °C	4	6	10	15	21	26	29	29	24	20	13	7
Nachttemperaturen in °C	-2	-2	2	7	12	16	18	17	14	10	6	0
Sonnenschein Stunden/Tag	3	3	4	6	8	10	11	11	8	5	3	3
Niederschlag Tage/Monat	6	5	5	5	7	8	6	3	4	5	6	7
Wassertemperaturen in °C	6	6	7	10	15	19	22	23	21	17	13	9

 Sonnenschein Stunden/Tag Niederschlag Tage/Monat Wassertemperaturen in °C

Städte. Urig und preiswert tafeln Sie in Orten, in denen der Urlauber nicht im Mittelpunkt steht.

STROM

Für Bulgarien gelten 220 Volt/50 Hertz Wechselstrom mit normalen Steckdosen. Für abweichende Elektrogeräte benötigen Sie einen Adapter.

TAXI

Das Taxameter ist Pflicht, ebenso das Ausdrucken eines Belegs bei der Ankunft am Ziel. Fragen Sie vor der Fahrt nach dem Preis – im Hotel oder direkt beim Fahrer. Die Taxifirmen sind verpflichtet, den Preis pro Kilometer, für Wartezeiten sowie den Anfangspreis sichtbar an einer Tafel rechts am Armaturenbrett oder auf einem Sticker am rechten Fenster neben der C-Säule anzubringen. Ist ein dreister Preis ausgewiesen, muss er auch bezahlt werden, denn er war angegeben. Selbst Bulgaren gehen oft in diese Falle. Geht der Taxameter nicht oder läuft er verdächtig schnell, steigen Sie aus. Für kürzere Entfernungen oder mit mehreren Fahrgästen lohnt es sich, Taxi statt Bus zu fahren, denn der Kilometerpreis liegt bei ca. 50 Cent. In Kurorten sind oft höhere Preise üblich. Bei größeren Entfernungen können Sie mit dem Taxifahrer verhandeln, denn zwischen Bus und Taxi besteht ernste Konkurrenz.

TELEFON & HANDY

Wenn Sie häufig innerhalb Bulgariens telefonieren müssen, empfiehlt sich der Kauf einer SIM-Karte fürs Handy.

Die international üblichen Vorwahlen gelten auch in Bulgarien: *0049* für Deutschland, *0043* für Österreich und *0041* für die Schweiz. Die internationale Vorwahl für Bulgarien ist *00359*. Innerhalb Bulgariens muss die *0* der Stadtvorwahl immer mitgewählt werden. Vom Anrufen vom Ausland aus entfällt sie.

TRINKGELD

Bulgarisches Servicepersonal in Hotels und Restaurants bekommt in der Regel nur ein minimales Gehalt, denn der Erhalt von Trinkgeld wird von den Arbeitgebern vorausgesetzt. Zwischen fünf und zehn Prozent des Rechnungsbetrags für das Trinkgeld sind üblich. Und es gilt: Je höher die Rechnung, desto geringer der Prozentsatz des Trinkgelds.

WASSER

Das Leitungswasser hat eine relativ gute Qualität, mancherorts sind jedoch die Rohrleitungen überaltet, dann sollte es nicht getrunken werden. Mineralwasser aus den zahlreichen Quellen ist schmackhaft. Trotz des Ausbaus der Wasseraufbereitungsanlagen an der Küste sollte sparsam mit Wasser umgegangen werden.

ZEIT

In Bulgarien gilt die Osteuropäische Zeit, die Mitteleuropa um eine Stunde voraus ist. Die Umstellung auf Sommerzeit im März sowie die Rückstellung im Oktober erfolgt wie in ganz Europa.

ZOLL

Innerhalb der EU dürfen Waren des persönlichen Gebrauchs frei ein- und ausgeführt werden. Im EU-Raum gelten bis zu 800 Zigaretten oder 10 l Spirituosen als persönlicher Bedarf und können steuerfrei nach Deutschland eingeführt werden. Aktuelle Auskunft erteilen: *www.customs.bg* und *www.zoll.de*

SPRACHFÜHRER BULGARISCH

AUSSPRACHE

Zur Erleichterung der Aussprache sind alle bulgarischen Wörter mit einer einfachen Aussprache (in der mittleren Spalte) versehen.
Sehr wichtig ist, dass bei mehrsilbigen Wörtern die richtige Betonung eingehalten wird. Die betonte Silbe ist in der Aussprache durch ein Akzentzeichen (z. B. é) gekennzeichnet.
Weitere Besonderheit: ž wird wie „j" in „Journal" gesprochen.

AUF EINEN BLICK

ja/nein/vielleicht	da/ne/možé bi	да/не/може би
bitte/danke	mólja/blagodarjá	моля/благодаря
Entschuldigen Sie!	iswinéte!	Извинете!
Darf ich ...?	Móga li ...?	Мога ли ...?
Wie bitte?	Mólja?	Моля?
Ich möchte .../Haben Sie ...?	ískam da .../ímate li ...?	Искам да .../Имате ли ...?
Wie viel kostet ...?	kólko strúwa ...?	Колко струва ...?
Das gefällt mir (nicht).	Towá (ne) mi haréswa.	Това (не) ми харесва.
gut/schlecht	dobró/lóscho	добро/лошо
zu viel/viel/wenig	mnógo e/mnógo/málko	много е/много/малко
alles/nichts	wsítschko/níschto	всичко/нищо
Hilfe!/Achtung! Vorsicht!	pómoscht!/wnimánie!/ wnimánie!	Помощ!/Внимание! Внимание!
Krankenwagen	linéjka	линейка
Polizei/Feuerwehr	polítsia/požarna	полиция/пожарна
Verbot/verboten	sabrána/sabranéno e	забрана/забранено е
Gefahr/gefährlich	opásnost/opásno e	опасност/опасно е

BEGRÜSSUNG & ABSCHIED

Gute(n) Morgen!/Tag!/ Abend!/Nacht!	Dobró útro!/Dobár den!/ Dobár wétscher!/Léka noscht!	Добър вечер!/Добро утро!/Добър ден!/ Лека нощ!
Hallo!/Auf Wiedersehen!	Sdrawéj/Dowíždane!	Здравей!/Довиждане!
Ich heiße ...	As se káswam ...	Аз се казвам ...
Wie heißen Sie?	Wie kak se káswate?	Вие как се казвате?
Wie heißt du?	Ti kak se káswasch?	Ти как се казваш?

Говориш ли български?

„Sprichst du Bulgarisch?" Dieser Sprachführer hilft Ihnen, die wichtigsten Wörter und Sätze auf Bulgarisch zu sagen

DATUMS- & ZEITANGABEN

Montag/Dienstag	ponedélnik/wtórnik	понеделник/вторник
Mittwoch/Donnerstag	srjáda/tschetwártak	сряда/четвъртък
Freitag/Samstag	peták/sábota	петък/събота
Sonntag/Werktag	nedélja/rabóten den	неделя/работен ден
heute/morgen/gestern	dnes/útre/wtschéra	днес/утре/вчера
Wie viel Uhr ist es?	kólko e tschasát?	Колко е часът?
Es ist drei Uhr.	Tschasát e tri.	Часът е три.
Es ist halb vier.	Tschasát e tri i polowína.	Часът е три и половина.
Viertel vor vier	tschétiri bes petnájset	Четири без петнадесет
Viertel nach vier	tschétiri i petnájset	Четири и петнадесет

UNTERWEGS

offen/geschlossen	otwóreno/satwóreno	отворено/затворено
Eingang/Einfahrt	whod	вход
Ausgang/Ausfahrt	íshod	изход
Toiletten/Damen/Herren	toalétni/žení/mažé	тоалетни/жени/мъже
(kein) Trinkwasser	(ne e) wóda sa píene	(не е) вода за пиене
Wo ist ...?/Wo sind ...?	Kadé e ...?/Kadé sa ...?	Къде е ...?/Къде са ...?
links/rechts	ljáwo/djásno	ляво/дясно
geradeaus/zurück	napráwo/nasád	направо/назад
Bus/Straßenbahn/ U-Bahn/Taxi	awtobús/tramwáj/ metró/taksí	автобус/трамвай/ метро/такси
Bahnhof/Hafen	gára/pristánischte	гара/пристанище
Flughafen	letíschte	летище
Fahrplan/Fahrschein	raspisánie/bilét	разписание/билет
Zug/Gleis	wlak/kolowós	влак/коловоз
Ich möchte ... mieten.	Želája da wséma pod náem ...	Желая да взема по наем ...
ein Auto/ein Fahrrad	awtomobíl/welosipéd	автомобил/велосипед
ein Boot	lódka	лодка
Tankstelle	bensinostántsia	бензиностанция

ESSEN & TRINKEN

Reservieren Sie uns bitte für heute Abend einen Tisch für vier Personen.	Mólja da ní reserwírate sa tási wétscher edná mása sa tschetiríma.	Моля да ни резервирате за тази вечер една маса за четирима.
Die Speisekarte, bitte.	Menjúto mólja.	Менюто, моля.

Könnte ich bitte … haben?	Móga li da porátscham …?	Мога ли да поръчам …?
Ich möchte zahlen, bitte.	Áko obítschate smétkata	Ако обичате, сметката

EINKAUFEN

Ich möchte …/Ich suche …	As ískam …/As társja …	Аз искам …/Аз търся …
Apotheke/Drogerie	aptéka/drogéria	аптека/дрогерия
Einkaufszentrum/ Kaufhaus	mol/uniwersálen magasín	мол/универсален магазин
Supermarkt	súpermárket	супермаркет
Kiosk	pawilión	павилион
teuer/billig/Preis	skápo/éwtino/tsená	скъпо/евтино/цена
mehr/weniger	pówetsche/po-málko	повече/по-малко

ÜBERNACHTEN

Haben Sie noch …?	Ímate li óschte …?	Имате ли още …?
Einzelzimmer	edinítschni stái	единични стаи
Doppelzimmer	dwójni stái	двойни стаи
Frühstück/Halbpension	sakúska/polúpansión	закуска/полупансион
Vollpension	pálen pansión/ol ínklusiw	пълен пансион/ол инклузив
Dusche/Bad	dusch/bánja	душ/баня

BANKEN & GELD

Bank/Geldautomat	bánka/bankomát	банка/банкомат
Geheimzahl	pin kod	пин код
Ich möchte … Euro wechseln.	As ískam … da smenjá éwro.	Аз искам … да сменя евро.
bar/ec-Karte/Kreditkarte	v broj/débitna karta/ kréditna karta	в брой/дебитна карта/ кредитна карта
Banknote/Münze	banknóta/monéta	банкнота/монета

GESUNDHEIT

Arzt/Zahnarzt/Kinderarzt	lékar/sabolékar/détski lékar	лекар/зъболекар/ детски лекар
Krankenhaus/Notfallpraxis	bólnitsa/bársa pómoscht	болница/бърза помощ
Fieber/Schmerzen	temperatúra/bólki	температура/болки
Durchfall/Übelkeit	rastrójstwo/lóscho mi e	разстройство/лошо ми е
Sonnenbrand	slántschewo isgárjane	слънчево изгаряне
entzündet/verletzt	waspaléno/naranéno	възпалено/наранено
Pflaster/Verband	lekoplást/prewráska	лекопласт/превръзка

Schmerzmittel/Tablette/ Zäpfchen	obesboljáwaschto/tablétka/sweschtítschka	обезболяващо/ таблетка/свещичка

TELEKOMMUNIKATION & MEDIEN

Briefmarke/Brief	póschtenska márka/pismó	пощенска марка/ писмо
Postkarte	póschtenska kártitschka	пощенска картичка
Ich suche eine Prepaidkarte für mein Handy.	Társja predplaténa kárta sa mója mobílen telefón.	Търся предплатена карта за моя мобилен телефон.
Steckdose/Adapter	kontátkt/adápter	контакт/адаптер
Computer/Batterie/Akku	kompjútar/batéria/akumulátor	компютър/батерия/ акумулатор
E-Mail-Adresse	adrés sa elektrónna póschta	адрес за електронна поща
Internetanschluss/WLAN	ínternet dóstap/ beşzítschen ínternet	интернет достъп/ безжичен интернет
E-Mail/Datei/ausdrucken	ímejl/fajl/raspetschátwam	имейл/файл/ разпечатвам

FREIZEIT, SPORT & STRAND

Strand/Strandbad	brjág/plaž	бряг/плаж
Sonnenschirm/Liegestuhl	plážen tschadár/žeslóng	плажен чадър/ жезлонг
Seilbahn/Sessellift	wážena línia/lift	въжена линия/лифт
(Schutz-)Hütte	(podslón) híža	(подслон) хижа

ZAHLEN

0	núla	нула	15	petnájset	петнадесет
1	ednó	едно	16	schestnájset	шестнадесет
2	dwe	две	17	sedemnájset	седемнадесет
3	tri	три	18	osemnájset	осемнадесет
4	tschetiri	четири	19	dewetnájset	деветнадесет
5	pet	пет	70	sedemdesét	седемдесет
6	schest	шест	80	osemdesét	осемдесет
7	sédem	седем	90	dewedesét	деведесет
8	ósem	осем	100	sto	сто
9	déwet	девет	200	dwésta	двеста
10	déset	десет	1000	chiljáda	хиляда
11	edinájset	единадесет	2000	dwé chiljadi	две хиляди
12	dwanájset	дванадесет	10000	déset chiljadi	десет хиляди
13	trinájset	тринадесет	½	edná polowína	една половина
14	tschetirinájset	четиринадесет	¼	edná tschétwart	една четвърт

REISEATLAS

Verlauf der Erlebnistour „Perfekt im Überblick"
Verlauf der Erlebnistouren

Der Gesamtverlauf aller Touren ist auch in der herausnehmbaren Faltkarte eingetragen

Bild: Burgruine Kap Kaliakra

Unterwegs in Bulgarien

Die Seiteneinteilung für den Reiseatlas finden Sie auf dem hinteren Umschlag dieses Reiseführers

A
B
C
1
2
3
4
5
6
R
D
Sultana
L. Mostiştea
Bălcescu
L. Gălăţui
Gradiştea
L. Călăraşi
Unirea
Dichiseni
Roseţi
Modelu
Dorobanţu
Ciocăneşti
Mânăstirea
Călăraşi
Chiselet
Ulmeni
Spanţov
Lunca Dunării
Balta Ialomiţei
Satu Nou
L. Oltina
Canlia
Lipniţa
Galiţa
Ostrov
Măn. Dervent
L. Bugeac
Esechioi
Popina
Vetren
Ez. Srebărna
Rezervata Srebărna
Silistra
Srebărna
Garvan
Malăk Preslavec
Poljana
Polkovnik Lambrinovo
Kalipetrovo
Dolno Rjahovo
Kolarovo
Nova Popina
Sitovo
Sărpovo
Smilec
Babuk
Cenovič
Bogorovo
Zafirovo
Iskra
Slatina
Kazimir
Bălgarka
Kajnardža
Suhodol
Kosara
Carevdol
Černogor
Sokol
Bosna
Dobrotica
Jordanovo
Profesor Išírkovo
Alfatar
Popkralevo
Zarnik
Dobrudžanka
Goleš
Strelkovo
Polkovnik
Vasil Levski
Čolakovo Središte
Ognjanovo
Zlatoklas
Bradvari
Nožarevo
Glavinica
Silistra
Padina
Černolik
Pravda
Vodno
Podles
Jarebica
Čerkovna
Čukovec
Alekovo
Kamenci
Kolarci
Teleri
Zvenimir
Dulovo
Prelez
Veselec
Rajnino
Žebil
Boil
Oven
Vărbino
Bezmer
Sărnez
Vazovo
Paisievo
Razdel
Čestimensko
Svešćarska grobnica
Konevo
Vokil
Profesor Zlatarski
Tervel
Hitovo
Sveštari
Okorš
Gradnica
Malăk Porovec
Kitančevo
Isperih
Delčevo
Zagoriče
Sekulovo
Feldfebel Djankovo
Tjanevo
Sredkovec
Nova Kamena
Podajva
Duhovec
Skala
Kočmar
Razgrad
Žeglarci
Karapelit
Kliment
Pristoe
Todor Ikonomovo
Zărnevo
Orljak
Vladimirovci
Bogdanci
Kaolinovo
Vălnari
Benkovski
Medovo
Bujnovica
Tăkač
Harsovo
Jasenkovo
Venec
Sini Vir
Ljatno
Ružica
Nikola Kozlevo
Vekilski
Vladimirovo
Orlova Mogila
Černoglavci
Kriva Reka
Harsovo
General Kolevo
Červenci
Samuilovski Vis.
Kapitan Petko
Kriva R.
Pisarevo
Karamanite
Metličina
General Kiselovo
Gara Hitrino
Bliznaci
Iglika
Vojvoda
Mirovci
Izvornik
Studenica
Kamenjak
Stojan Mihajlovski
Preselka
Kalojan
Razvigorovo
Šumen
Pamukčii
Dobroplodno
Vojvodino
Bujnovo
Vărbak
Zlatna Niva
Vărbjane
Iskăr
Vălčidol
Belokopitovo
Panajot Volovo
Pliska
Jagnilo
Štipsko
Novi Pazar
Momčilovo
Belogradec
Šumen-iztok
Novi Pazar, Kaspičan
Carev Brod
Stan
Černča
Gradište
Kaspičan
Suvorovo
Novosel
Šumen
Mătnica
Madarski konnik
Nevša
Mlada Gvardija
Vetrino
Levski
Šumensko Plato
Tombul džamija
Madara
Mogila
Nevša
E70
Provadija-iztok
Neofit Rilski
Černevo
Banovo
Kjulevča
Provadijska R.
Venčan
Provadija-sever
Devnja
Kočovo
Osmar
Ilija Blăskovo
Dibič
Nenovo
Ravna
Markovo
Devnja
Imrenčevo
Maraš
Salmanovo
Provadijsko Plato
Manastir
Kostena Reka
Veliki Preslav
Milanovo
Vehtovo
Snežina
Ovčaga
Provadija
Padina
Petriča
Patlejnski manastir
Ivanski
Černook
Gradinarovo
Žitnica
Dragoevo
Zlatar
Drumevo
Kălnovo
Rojaksko Plato
Slavejkovo
Blăskovo
Bozvelijsko
Sindel
Dragoevska Pl.
Jankovo
Čajka
Carevci
Smjadovo
Sladka Voda
Dălgopol
Nova Šipka
Dăbravino
Jaz. Tiča
Gol. Kamčija
Sava
Conevo
Tušovica
Komunari
Grozdjovo
Bjala Reka
Riš
Partizani
Jaz. Conevo
Veselinovo
Poljacite
Čudnite
Asparuhovo
Dobromir
Vărbiška Pl.
Kamčijska
128

D
E
F
1
2
3
4
5
6
Cochirleni
Castelu
Ovidiu
L. Siutghiol
Mamaia
Medgidia
Nazarcea
Rasova
L. Ivrinezu
Valea Dacilor
Poarta Albă
Poiana
Dunăreni
Vlahii
Aliman
L. Dunăreni
Peştera
Basarabi
Valu lui Traian
Canalul Dunăre - Marea Neagră
CONSTANŢA
Viile
M
Monument
Â
N
I
A
Agigea
n Corvin
Negureni
Adamclisi
Deleni
Pietreni
Vişoara
Ciocârlia
Cobadin
Cumpăna
Eforie Nord
Tropaeum Traiani
Techirghiol
Şipotele
Mereni
Eforie Sud
L. Techirghiol
Dobromir
Ciobăniţa
Topraisar
Tuzla
Dobromiru din Deal
Pădurea Dumbrăveni
Amzacea
Costineşti
Loznica
Poručik Kărdževo
Rosica
Dumbrăveni
Independenţa
Plopeni
Unirea
Koriten
L. Tatlageac
Chirnogeni
Comana
Pecineaga
Olimp
Aleksandrija
Neptun
Jupiter
Aurora
Venus
Saturn
Dobrin
Krasen
Kraište
Cotu Văii
Mangalia
Polkovnik Djakovo
Cerchezu
Negru Vodă
L. Mangalia
Albeşti
Limanu
2 Mai
Krušari
Izvorovo
Pădurea Negru Vodă
Gradini
Coroana
Jovkovo
Vama Veche
Svoboda
Dobrevo
Zograf
Kăpinovo
Kardam
Vičovo
Peştera Limanu
Graničar
Slivenci
Pčelarovo
Rogozina
Bežanovo
Božurovo
General Toševo
Pisarovo
Černookovo
Spasovo
Kosmos
Rosenovo
Prisad
Ljuljakovo
Sărnino
Černomorci
Durankulak
Durankulaško Ezero
Plenimir
Malina
Preselenci
Bilo
Vaklino
Kozlodujci
Paskalevo
Velikovo
Krapec
Kv. Rilci
Smolnica
Sredina
Septemvrijci
Pobeda
General Kolevo
Vasilevo
Belgun
Tvărdica
Ezerec
Dropla
Konare
Vidno
Prolez
Dobrudža
Šablensko tu.
Sveštarovo
Čelopečene
Dăhrava
Trigorci
N. Šabla
Šabla
Branište
Senokos
Irečk
Goričane
Kulata
Pčelino
Vranino
Rakovski
Gorun
Tjulenovo
Gurkovo
Stefanovo
Slaveevo
Sokolovo
Mogilište
Karvuna
Hrabrovo
Caričino
Sveti Nikola
Kamen Brjag
Sokolnik
Topola
Kavarna
Jailata
Stožer
Arat Teke
Obročište
Božurets
Rusalka
Debrene
Batovo
Balčik
Tuzlata
Bălgarevo
Novakovo
Klimentovo
Morska Zvezda
Dălboka
Čornomors'k
Albena
N. Kaliakra
Kranevo
Zornica
Zlatni Pjasăci
Orešak
Frangensko Plato
Aladža man.
Kičevo
Aksakovo
Kv. Vladislavovo
Kamenar
Kv. Vinica
Riviera
Čajka
Sv. Konstantin
Topoli
VARNA
ВАРНА
Asparuhovo
Varnensko Ez.
Kv. Asparuhovo
Varnenski Zal.
Zvezdica
Galata
Plato
Rakitnika
Priselci
Ravna Gora
Bliznaci
Kamčija
Staro Orjahovo
Škorpilovci
Gorica
N. Černi
ČERNO MORE
10 km
6.21 mi
E81
E87
E675
E70
A2
A4
A5
DOBROGEA
DOBRUDŽA
Dobrudžansko Plato

129

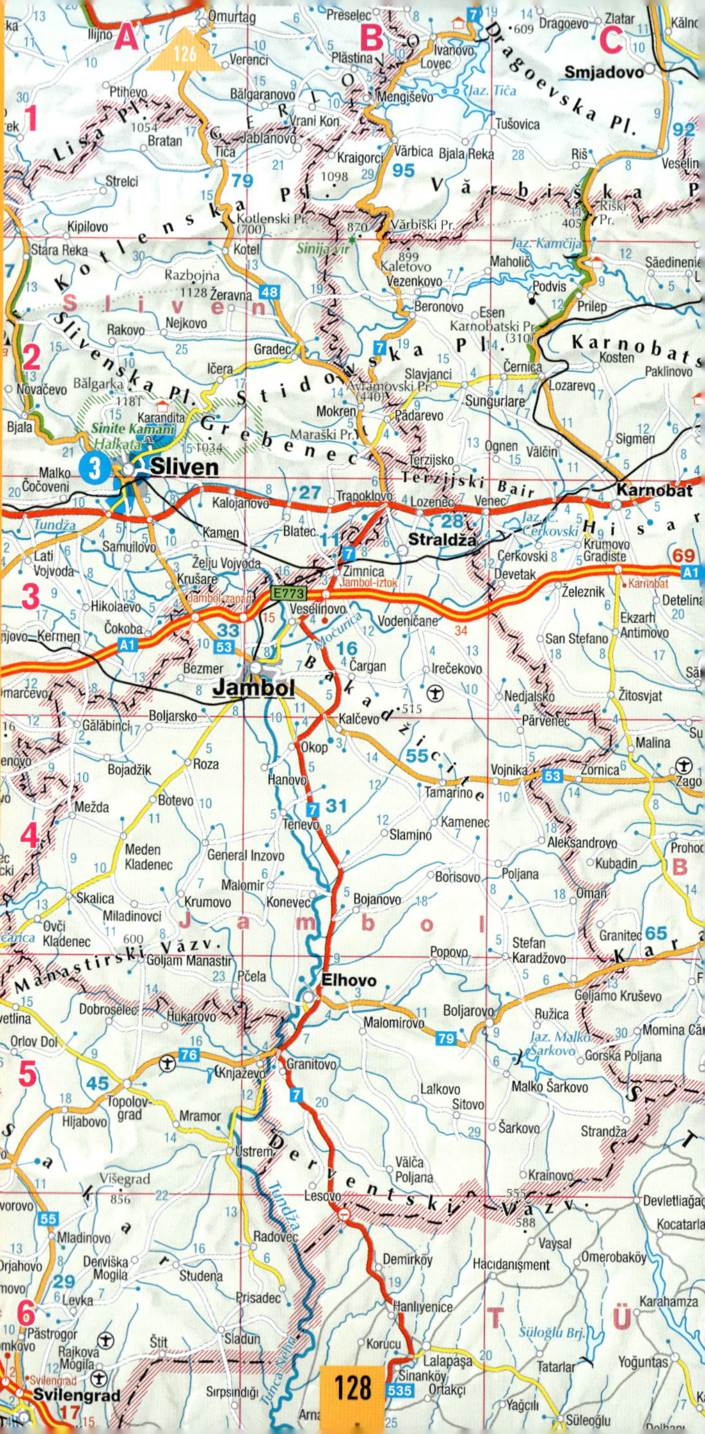

A
B
C
126
Omurtag
Preselec
Zlatar
Dragoevo
Ilijno
Verenci
Plăstina
Ivanovo
Lovec
Smjadovo
Kălnc
Ptihevo
Bălgaranovo
Mengiševo
Jaz. Tiča
Dragoevska Pl.
Lisa Pl.
Vrani Kon
Tušovica
Bratan
Jablanovo
Tiča
Kraigorci
Vărbica
Bjala Reka
Riš
Veselin
Strelci
Vărbiška Pl.
Kotlenska Pl.
Kotlenski Pr.
Riški Pr.
Kipilovo
Vărbiški Pr.
Stara Reka
Kotel
Sinija vir
Kaletovo
Maholič
Jaz. Kamčija
Săedinenie
Razbojna
Žeravna
Vezenkovo
Podvis
Sliven
Prilep
Beronovo
Esen
Rakovo
Nejkovo
Karnobatski Pr.
Slivenska Pl.
Gradec
Karnobatski
Kosten
Paklinovo
Ičera
Stidovska Pl.
Slavjanci
Černica
Novačevo
Bălgarka
Avramovski Pr.
Sungurlare
Lozarevo
Karandita
Mokren
Pădarevo
Bjala
Sinite Kamăni
Halkata
Grebenec
Maraški Pr.
Sigmen
Ognen
Vălčin
Terzijsko
Malko Čočoveni
Terzijski Bair
Karnobat
Kalojanovo
Trapoklovo
Lozenec
Venec
Tundža
Jaz. C. Cerkovski
Hisar
Kamen
Blatec
Straldža
Samuilovo
Krumovo Gradište
Lati Vojvoda
Željo Vojvoda
Zimnica
Cerkovski
Devetak
Krušare
Jambol-iztok
Karnobat
Jambol-zapad
E773
Železnik
Detelina
Hikolaevo
Veselinovo
Vodeničane
Ekzarh Antimovo
Čokoba
Močurica
San Stefano
Kermen
A1
Čargan
Irečekovo
Bezmer
Jambol
Bakadžicite
Nedjalsko
Žitosvjat
Marčevo
Boljarsko
Kalčevo
Părvenec
Gălăbinci
Okop
Malina
Roza
Bojadžik
Hanovo
Vojnika
Zornica
Zagorci
Tamarino
Mežda
Botevo
Tenevo
Slamino
Kamenec
Aleksandrovo
Prohod
Meden Kladenec
General Inzovo
Kubadin
Borisovo
Poljana
Malomir
Skalica
Krumovo
Konevec
Bojanovo
Oman
Miladinovci
Ovči Kladenec
Manastirski Văzv.
Goljam Manastir
Popovo
Granitec
Stefan Karadžovo
Karadžovo
Pčela
Elhovo
Goljamo Kruševo
Dobrosolec
Hukarovo
Boljarovo
Ružica
Malomirovo
Momina Căr
Orlov Dol
Jaz. Malko Šarkovo
Gorska Poljana
Knjaževo
Granitovo
Topolovgrad
Lalkovo
Malko Šarkovo
Hljabovo
Mramor
Sitovo
Strandža
Šarkovo
Ustrem
Dervenski Văzv.
Văiča Poljana
Višegrad
Krainovo
Lesovo
Devletliağaç
Mladinovo
Kocatarla
Vaysal
Radovec
Orjahovo
Dervíška Mogila
Demirköy
Hacıdanişment
Omerobaköy
Studena
Levka
Prisadec
Hanlıyenice
Karahamza
Păstrogor
Süloğlu Brj.
Štit
Sladun
Koruçu
Rajkova Mogila
Lalapaşa
Tatarlar
Yoğuntaş
Sinanköy
Ortakçı
Svilengrad
Sırpsındığı
Tunca Nehri
Arnavutköy
Yağcılı
Süleoğlu

D
E
F
127
10 km
6.21 mi
1
2
3
4
5
6
Slavejkovo
Bläskovo
Bozvelijsko
Sindel
Avren
Zdravec
Priselci
Rakitnika
Ravna Gora
Sladka Voda
Dălgopol
Čajka
Carevci
Nova Šipka
Dăbravino
Sadovo
Venelin
Sava
Conevo
Kamčija
Komunari
Grozdjovo
Partizani
Jaz. Conevo
Pčelnik
Staro Orjahovo
Škorpilovci
Čudnite Skali
Asparuhovo
Dobromir
Dolni Čiflik
Rudnik
K a m č i j s k a P l.
Bilka
Bulair
Solnik
Gorica
N. Černi
Kostenurkata
Dvojnica
Bjala
Dăskotna
Mrežihko
Panicovo
Djulino
N. Sv. Atanas
E m i n s k a P l.
Popovič
Vresovo
Obzor
Djulinski Pr.
Prosenik
Stracin
Ruen
Ajtoski Pr.
Ražica
A j t o s k a P l.
Orizare
Banja
Karageorgievo
Bata
Trite bratja
Maglen
Sveti Vlas
Emona
Elenite
Ajtos
Tănkovo
Slănčev Brjag
N. Emine
Medovo
Brjastovec
Kableškovo
Nesebăr
Aheloj
Karanovo
Banevo
Rudnik
Ravda
Bălgarovo
Bălgarovo, Neftohim
Vinarsko
Žitarovo
Atanasovsko Ez.
BOJ
Pomorijsko Ez.
Burgas, Vetren
Kameno
Pomorie
Kv. Sarafovo
Ravnec
Burgaski Zaliv
BURGAS
БУРГАС
Burgasko Ez.
Rusokastro
O. Sv. Anastasija
ČERNO MORE
Černi Vrăh
Krajmorie
Strandža
Černomorec
O. Sv. Ivan
Trăstikovo
Sozopol
Novoselci
Marinka
Smokinite
Debelt
Rosen
Jaz. Mandra
Djuni
Prisad
M e d n i R i d
Sredec
Zidarovo
Veselie
N. Maslen
Fakijska R.
Novo Paničarovo
Kruševec
Jasna Poljana
Primorsko
Văršilo
Ropotamo
Bogdanovo
Kiten
Bosna
Pismenovo
Lozenec
Bliznak
Fazanovo
Carevo
Kirovo
Izgrev
Nestinarka
Granitar
Priroden Park
Zvezdec
Kondolovo
Bălgari
Ahtopol
S T R A N D Ž A
Petrova Niva
Man. Sv. Bogorodica
Gramatikovo
Kosti
Sinemorec
Veleka
Strandža
Ahmetler
Rezovo
Rezovska R.
Malko Tărnovo
Mutlu Deresi
Beğendik
Burgazcık
Karadere
İğneada Burnu
Dereköy
Armagan Brj.
Elmacık
İncesırt
Yeşilce
Avcılar
Dupnisa Mağarası
Limanköy
Koruköy
Armağan
Sarpdere
Gözcü Kulesi
İğneada
Balaban
Düzorman
Çukurpınar
Demirkapı
Demirköy
İğneada Longoz Ormanları Milli Parkı
Demircihali
Kırklareli Brj.
Sivriler
Kurudere

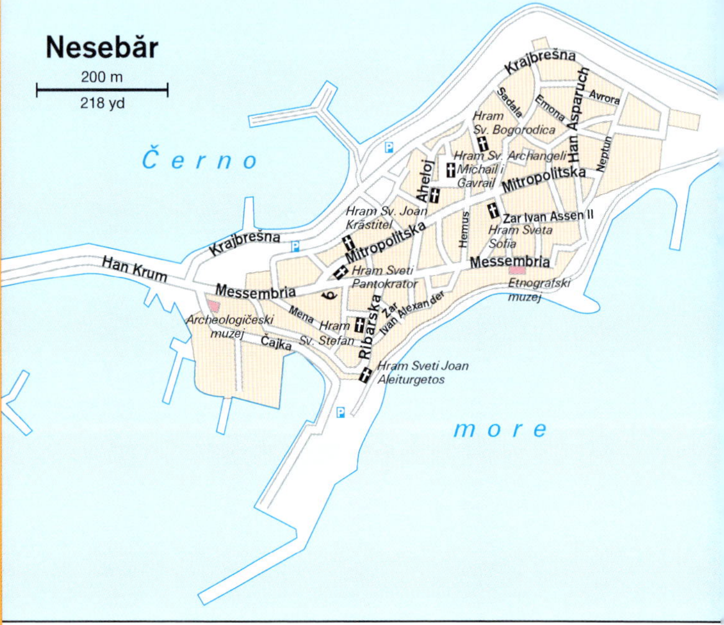
Nesebăr
200 m
218 yd
Černo
more
Krajbrešna
Sadala
Emona
Han Asparuch
Avrora
Neptun
Hram Sv. Bogorodica
Hram Sv. Archangeli Michail i Gavrail
Aheloj
Mitropolitska
Hram Sv. Joan Krăstitel
Hemus
Zar Ivan Assen II
Hram Sveta Sofia
Messembria
Etnografski muzej
Krajbrešna
Han Krum
Mitropolitska
Hram Sveti Pantokrator
Messembria
Mena
Zar Ivan Alexander
Ribarska
Hram Sv. Stefan
Archeologičeski muzej
Čajka
Hram Sveti Joan Aleiturgetos

A
B
C
1
2
3
Dograma OOD
Agromašinaimpeks AG
Transvagon AG
Toplivo AG
Car Kalojan
Odrin
Bul. Struga
Sofija
Drin
Dunav AG Klinika
Pl. Trapezica
Struma
Marica
Avtogara Zapad
Arda
Pirin
Debelt
Žp gara Vladimir Pavlov
Musala
Bulev. Todor Aleksandrov
Ž.K. BRATJA MILADINOVI
Odrin
Ujljam Gladston
Kavala
Bul. San Stefano
Ivajlo
Dimităr
Sv. Patriarh Evtimij
Sheynovo
CDG
Debelt
Car Samuil
Makedonija
Ujljam Gladston
OU Ljuben Karavelov
Car Kalojan
Karavelov
Probuda
Levski
E87
9
Mosstroj
Bul. Knjaginja Marija Luiza
Ljuben
Ž.K. VĂZRAŽDANE
Levski
Georgi S. Rakovski
Ivajlo
Borisova gradina
Knjaz Boris I
Aleksandăr Stambolijski
Ujljam Gladston
Ivajlo
Car Kalojan
Aleksandăr
Slivnica
Burgasbus
Sv. Kliment Ohridski
Cargradska
Petrol AG (baza Burgas)
Cargradska
EL BI Bulgarikum
Debelt
Car Kalojan
Car Asen I
Car
Elin Pelin
Han
Sportna
Stadion
Bul. Industrialen

Sozopol
300 m
327 yd
Poluostrov Sv. Kirik
Skalniyat Sfinx
Skamni Nos
Skali
Morski
Albatros
Majak
Melnica
Vjatarna
Vulno-bar
Venec
Burevest-nik
Drava
Durna
Reka
Mur
Kiril i Metodij
Apolonia
Feniks
Glarus
Anaximandar
Vapcarov
Hram Sveta Bogorodica
Hudožestvena galeria
Kraibrežna
Ribarska
Petikan
Tiulen
Neptun
Terme
Miler
Amfora
Čajka
Kulata
Černo more
Archeologičeski muzej
Pl. Han Krum
Hram Sveti Zosim
Marina Sozopol
Apolonia
Lazouren Bryag
Lozengrad
Hristo Botev
Černo More
Ljulin
Yani Popov
Pǎrvi May
Kap. Petko Vojvoda
Vasil Levski
Odessa
Rila
Strandža
Pirin
Republikanska
Vihren
Musala
Vitoša
Stara Planina
Kavatsite
Ropotamo
Trakija
Harmanite
Sredna Gora
Rodopi
Buzludža
Oborište
Dimitar Tašev

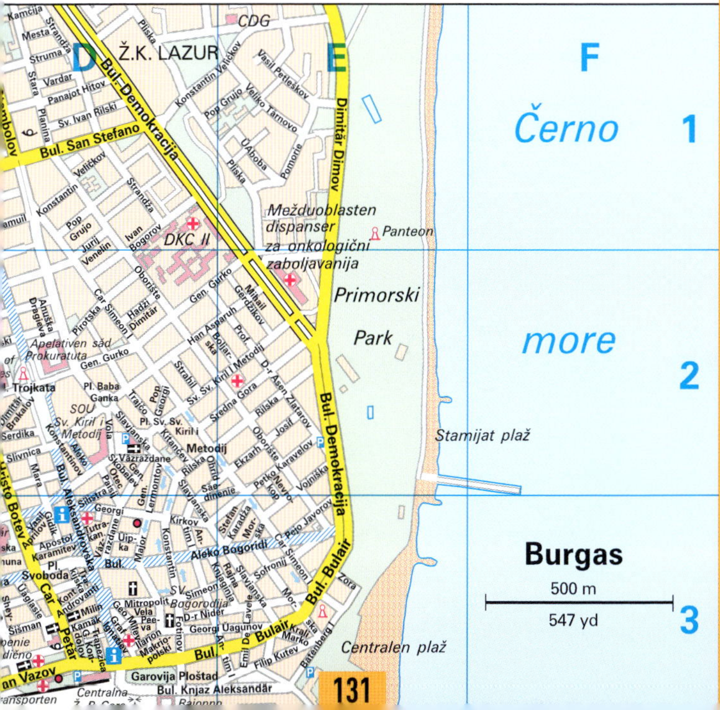
Kamčija
Strandža
Mesta
Struma
Stara
Vardar
Panajot Hitov
Planina
Sv. Ivan Rilski
D
Ž.K. LAZUR
E
F
CDG
Bul. Demokracija
Bul. San Stefano
Konstantin Veličkov
Vasil Petleškov
Pop Grujo
Veliko Tarnovo
Ul. Aboba
Pliska
Pomorie
Dimităr Dimov
Černo
more
1
2
3
Meždu oblasten dispanser za onkologični zaboljavanija
Panteon
DKC II
Primorski Park
Strandža
Ivan Bogorov
Pop Grujo
Jurij Venelin
Oborište
Hadži Dimităr
Car Simeon I
Pirotska
Gen. Gurko
Mihail Gerdžikov
Han Asparuh
Boljarska
Prof.
Sv. Sv. Kiril i Metodij
D-r Asen Zlatarov
Apelativen săd
Prokuratura
Trojkata
Pl. Baba Ganka
SOU Sv. Kiril i Metodij
Sredna Gora
Rilska
Iosif
Bul. Demokracija
Stamijat plaž
Metodij
Văzraždane
Slavjanska
Oborište
Ekzarh
Petko Karavelov
Vojniška
Bul. Aleksandrovska
Aleko Bogoridi
Hristo Botev
Pl. Svoboda
Car Petăr
Peio Javorov
Car Simeon I
Bul. Bulair
Sofronij
Zora
Burgas
500 m
547 yd
Mitropolit Simeon
Sv. Bogorodica
D-r Nider
Georgi Uagunov
Kralj Marko
Filip Kutev
Centralen plaž
Garovija Ploštad
Bul. Knjaz Aleksandăr
Centralna

KARTENLEGENDE

26	Autobahn mit Anschlussstellen Motorway with junctions
	Autobahn in Bau Motorway under construction
	Mautstelle Toll station
	Raststätte mit Übernachtung Roadside restaurant and hotel
	Raststätte Roadside restaurant
	Tankstelle Filling-station
	Autobahnähnliche Schnellstraße mit Anschlussstelle Dual carriage-way with motorway characteristics with junction
	Fernverkehrsstraße Trunk road
	Durchgangsstraße Thoroughfare
	Wichtige Hauptstraße Important main road
	Hauptstraße Main road
	Nebenstraße Secondary road
	Eisenbahn Railway
	Autozug-Terminal Car-loading terminal
	Zahnradbahn Mountain railway
	Kabinenschwebebahn Aerial cableway
	Eisenbahnfähre Railway ferry
	Autofähre Car ferry
	Schifffahrtslinie Shipping route
	Landschaftlich besonders schöne Strecke Route with beautiful scenery
leenstr.	Touristenstraße Tourist route
XI-V	Wintersperre Closure in winter
	Straße für Kfz gesperrt Road closed to motor traffic
8%	Bedeutende Steigungen Important gradients
	Für Wohnwagen nicht empfehlenswert Not recommended for caravans
	Für Wohnwagen gesperrt Closed for caravans
	Besonders schöner Ausblick Important panoramic view
Wartenstein *Umbalfälle*	Sehenswert: Kultur - Natur Of interest: culture - nature
	Badestrand Bathing beach
	Nationalpark, Naturpark National park, nature park
	Sperrgebiet Prohibited area
	Kirche Church
	Kloster Monastery
	Schloss, Burg Palace, castle
	Moschee Mosque
	Ruinen Ruins
	Leuchtturm Lighthouse
	Turm Tower
	Höhle Cave
	Ausgrabungsstätte Archaeological excavation
	Jugendherberge Youth hostel
	Allein stehendes Hotel Isolated hotel
	Berghütte Refuge
	Campingplatz Camping site
	Flughafen Airport
	Regionalflughafen Regional airport
	Flugplatz Airfield
	Staatsgrenze National boundary
	Verwaltungsgrenze Administrative boundary
	Grenzkontrollstelle Check-point
	Grenzkontrollstelle mit Beschränkung Check-point with restrictions
ROMA	Hauptstadt Capital
VENEZIA	Verwaltungssitz Seat of the administration
	MARCO POLO Erlebnistour 1 MARCO POLO Discovery Tour 1
	MARCO POLO Erlebnistouren MARCO POLO Discovery Tours
1	MARCO POLO Highlight MARCO POLO Highlight

FÜR IHRE NÄCHSTE REISE ...

ALLE **MARCO POLO** REISEFÜHRER

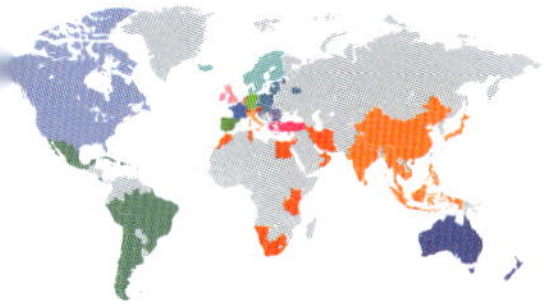

DEUTSCHLAND

Allgäu
Bayerischer Wald
Berlin
Bodensee
Chiemgau/Berchtesgadener Land
Dresden/Sächsische Schweiz
Düsseldorf
Eifel
Erzgebirge/Vogtland
Föhr & Amrum
Franken
Frankfurt
Hamburg
Harz
Heidelberg
Köln
Lausitz/Spreewald/Zittauer Gebirge
Leipzig
Lüneburger Heide/Wendland
Mecklenburgische Seenplatte
Mosel
München
Nordseeküste Schleswig-Holstein
Oberbayern
Ostfriesische Inseln
Ostfriesland/Nordseeküste Niedersachsen/Helgoland
Ostseeküste Mecklenburg-Vorpommern
Ostseeküste Schleswig-Holstein
Pfalz
Potsdam
Rheingau/Wiesbaden
Rügen/Hiddensee/Stralsund
Ruhrgebiet
Schwarzwald
Stuttgart
Sylt
Thüringen
Usedom/Greifswald
Weimar

ÖSTERREICH SCHWEIZ

Kärnten
Österreich
Salzburger Land
Schweiz
Steiermark
Tessin
Tirol
Wien
Zürich

FRANKREICH

Bretagne
Burgund
Côte d'Azur/Monaco
Elsass
Frankreich
Französische Atlantikküste
Korsika
Languedoc-Roussillon
Loire-Tal
Nizza/Antibes/Cannes/Monaco
Normandie
Paris
Provence

ITALIEN MALTA

Apulien
Dolomiten
Elba/Toskanischer Archipel
Emilia-Romagna
Florenz
Gardasee
Golf von Neapel
Ischia
Italien
Italienische Adria
Italien Nord
Italien Süd
Kalabrien
Ligurien/Cinque Terre
Mailand/Lombardei
Malta & Gozo
Oberital. Seen
Piemont/Turin
Rom
Sardinien
Sizilien/Liparische Inseln
Südtirol
Toskana
Venedig
Venetien & Friaul

SPANIEN PORTUGAL

Algarve
Andalusien
Azoren
Barcelona
Baskenland/Bilbao
Costa Blanca
Costa Brava
Costa del Sol/Granada
Fuerteventura
Gran Canaria
Ibiza/Formentera
Jakobsweg Spanien
La Gomera/El Hierro
Lanzarote
La Palma
Lissabon
Madeira
Madrid
Mallorca
Menorca
Portugal
Spanien
Teneriffa

NORDEUROPA

Bornholm
Dänemark
Finnland
Island
Kopenhagen
Norwegen
Oslo
Schweden
Stockholm
Südschweden

WESTEUROPA BENELUX

Amsterdam
Brüssel
Cornwall & Devon
Dublin
Edinburgh
England
Flandern
Irland
Kanalinseln
London
Luxemburg
Niederlande
Niederländische Küste
Oxford
Schottland
Südengland

OSTEUROPA

Baltikum
Budapest
Danzig
Krakau
Masurische Seen
Moskau
Plattensee
Polen
Polnische Ostseeküste/Danzig
Prag
Slowakei
St. Petersburg
Tallinn
Tschechien
Ungarn
Warschau

SÜDOSTEUROPA

Bulgarien
Bulgarische Schwarzmeerküste
Kroatische Küste Dalmatien
Kroatische Küste Istrien/Kvarner
Montenegro
Rumänien
Slowenien

GRIECHENLAND TÜRKEI ZYPERN

Athen
Chalkidikí/Thessaloníki
Griechenland Festland
Griechische Inseln/Ägäis
Istanbul
Korfu
Kos
Kreta
Peloponnes
Rhodos
Sámos
Santorin
Türkei
Türkische Südküste
Türkische Westküste
Zákinthos/Itháki/Kefalloniá/Léfkas
Zypern

NORDAMERIKA

Chicago und die Großen Seen
Florida
Hawai'i
Kalifornien
Kanada
Kanada Ost
Kanada West
Las Vegas
Los Angeles
New York
San Francisco
USA
USA Ost
USA Südstaaten/New Orleans
USA Südwest
USA West
Washington D.C.

MITTEL- UND SÜDAMERIKA

Argentinien
Brasilien
Chile
Costa Rica
Dominikanische Republik
Jamaika
Karibik/Große Antillen
Karibik/Kleine Antillen
Kuba
Mexiko
Peru & Bolivien
Yucatán

AFRIKA UND VORDERER ORIENT

Ägypten
Djerba/Südtunesien
Dubai
Iran
Israel
Jordanien
Kapstadt/Wine Lands/Garden Route
Kapverdische Inseln
Kenia
Marokko
Marrakesch
Namibia
Oman
Rotes Meer & Sinai
Südafrika
Tansania/Sansibar
Tunesien
Vereinigte Arabische Emirate

ASIEN

Bali/Lombok/Gilis
Bangkok
China
Hongkong/Macau
Indien
Indien/Der Süden
Japan
Kambodscha
Ko Samui/Ko Phangan
Krabi/Ko Phi Phi/Ko Lanta/Ko Jum
Malaysia
Myanmar
Nepal
Peking
Philippinen
Phuket
Shanghai
Singapur
Sri Lanka
Thailand
Tokio
Vietnam

INDISCHER OZEAN UND PAZIFIK

Australien
Malediven
Mauritius
Neuseeland
Seychellen

Viele MARCO POLO Reiseführer gibt es auch als eBook – und es kommen ständig neue dazu!
Checken Sie das aktuelle Angebot einfach auf: www.marcopolo.de/e-books

REGISTER

Im Register sind alle in diesem Reiseführer erwähnten Orte und Ausflugsziele sowie wichtige Sehenswürdigkeiten verzeichnet. Gefettete Seitenzahlen verweisen auf den Haupteintrag.